歴史のフロンティア
Frontiers of History

帝国を魅せる剣闘士

血と汗のローマ社会史

motomura ryoji
本村凌二

山川出版社

Gladiators, that the Empire sees
by
Ryoji Motomura

帝国を魅せる剣闘士

血と汗のローマ社会史——【目次】

目次

円形闘技場の分布概要
円形闘技場
混成型（闘技場と劇場の兼用）
劇場転用型
カルヌントゥム
アクインクム
ビザンティオン
ペルガモン
エフェソス
アフロディシアス
アスペンドス
スィデ
アンティオキア
アテネ
コリント
ミレトゥス
ゴルチュン
キュレネ

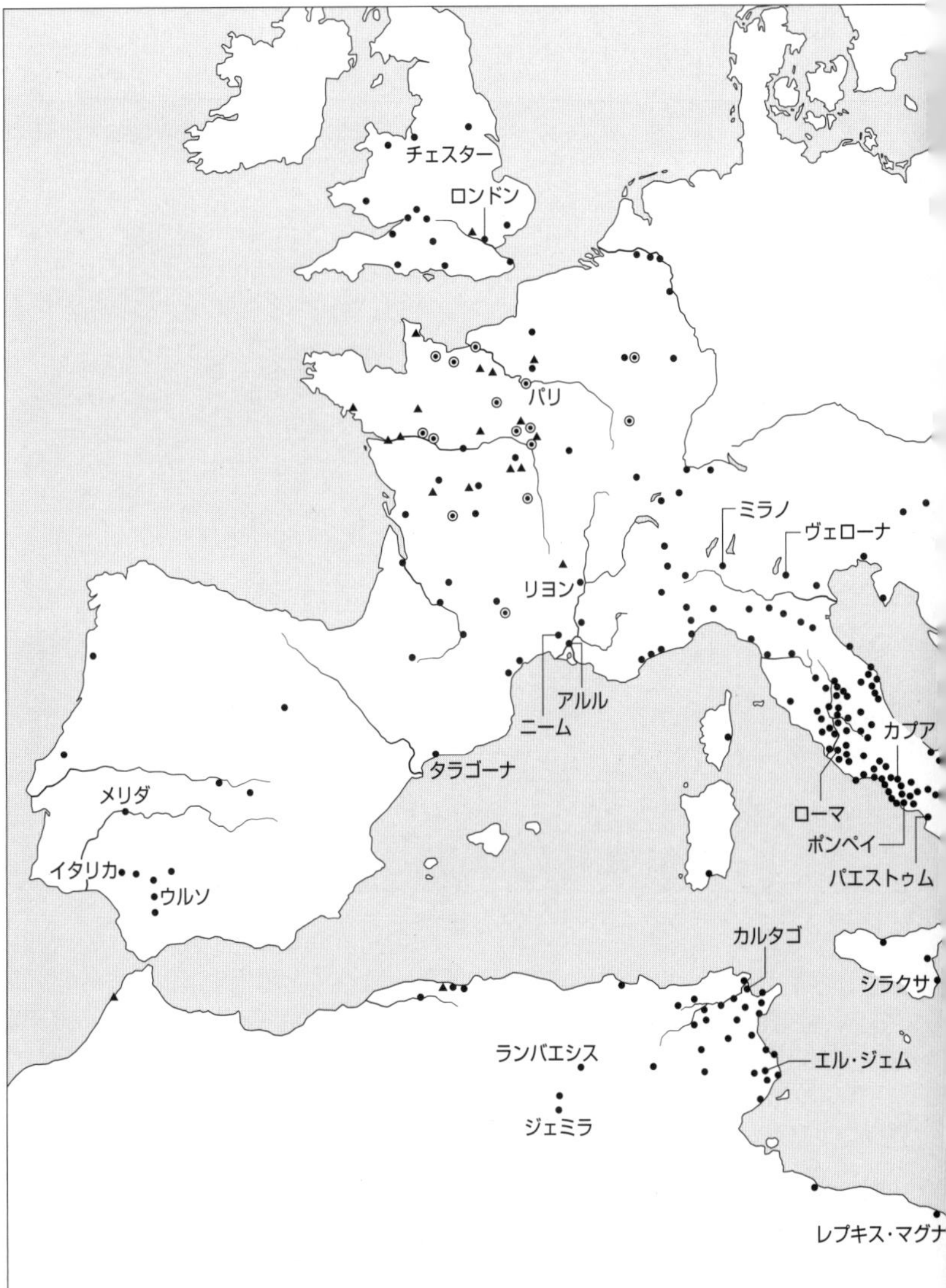

チェスター
ロンドン
パリ
リヨン
ミラノ
ヴェローナ
アルル
ニーム
タラゴーナ
メリダ
イタリカ
ウルソ
カプア
ローマ
ポンペイ
パエストゥム
カルタゴ
シラクサ
ランバエシス
ジェミラ
エル・ジェム
レプキス・マグナ

帝国を魅せる剣闘士——血と汗のローマ社会史

第Ⅰ部　ある剣闘士の手記

I

汗にまみれた肉塊がぎらぎらと唸っているかのような大男だった。繊細さのかけらもない柔弱さのかすかな翳りすら感じさせないゲルマン人だった。あの巨漢の男が、今朝、みずから命を絶ってしまったのだ。

いつもなら白々として静まりかえっている早朝だった。人声がざわめき、虚ろな意識をぼんやりとなぶりつける。人が死んだ、自殺した、と叫ぶ声があちらからもこちらからも押し寄せてくる。それも、なにか地底の果てから響いてくるようだった。今さらどうしようもない身の上にあれば、寒々とした悪夢に襲われることがあっても、もはや人ごとに心を痛めることなどありはしない。また、現《うつつ》をさまよう、たわごとだけの夢かという想いが脳裏をかすめていた。どうもなにかが異なると感じたのは、相棒のユヴェニスが私を叩き起こしたからだ。

あのゲルマン人は、忌々しい野獣相手の朝の見世物に出るというから、身拵えをしていたのだろう。

いつものように用足しにいったのだが、あいつらにとってそれよりもほかに誰にも知られず監視もない場所など、どこにもないのだ。そこでありったけの糞を垂れたのだろう。それをすましながら、あの洗浄用の海綿をかぶせた棒切れに手を伸ばし、それをつかみ取ると、こともあろうに口を開いて、喉に深々と突き刺したという。じわっとした汚らしい海綿が気道を塞ぎ、すぐに絶命したにちがいない。

なんという恥辱にまみれた無残な死に様だろうか。尊厳のかけらもない、なんたる不様な死に方ではないか。そこには、もはや、やるせない涙も嘆きも、さらには一滴の憐憫《れんびん》すらも呼び起こさない冷酷無情の死しかありえないのだ。というよりも、死そのものすらも侮蔑しているかのごとき行為である。

だが、そのなにごとも寄せつけぬ完璧な拒絶の姿が、ひそかに囁きかけるかのようでもある。それが耳にかかる者には、あの死に様が心に重くのしかかってくる。気にとめまいとしても、心がざわめいてしようがないのだ。目をこらせばこらすほど、侮蔑の念も唾棄の情もどこかに消え去ってしまう。みずからの運命を断固として決する者だけに備わる、なんという潔さであろうか。筆舌に尽くせぬ、凡俗のとどかぬ、なんたる勇ましさであるのだろうか。あの男なら、剣を振りかざして猛々しく闘うこともできただろうし、逃亡して海に飛び込むことも絶壁から身を投げることもできたはずではないか。それだからこそ、あの汚辱に満ちた死に様が運命を決断した者の勇壮さを際立たせるのだ。

それにしても、剣闘士の死などはありふれたことでしかないのだが、自殺はちがう。ことさら死にゆく者の壮絶なる想いを感じさせずにはおかないからだ。かつて蛮族の一団が剣闘士の見世物に引きずり出される前に、紐も使わずお互いの喉を絞めつけて絶命したという話を聞いたことがある。彼らはみずからの死闘を民衆の慰みに供することを潔しとしなかった。狂った観衆の前で仲間を殺すも仲間に殺されるも屈辱でしかなかったのだ。

しかし、あの大男はひとりで命を絶ったのだ。その孤独な胸中に去来したものはなんだったのか。汚物にまみれて喉を突き刺すほどの恥辱の姿をさらけ出すよりも嫌悪すべきことはいかなる想念なのか。もし、あの男が今日の敵が野獣ではなく人間であったならば、はたして汚辱にまみれて自殺するなどありえたのだろうか。野獣に食いちぎられることが耐えがたかったのか、それとも生そのものが屈辱と感じられたのだろうか。私なら、敵が野獣であれ人間であれ、あらんかぎり闘うだろう。明日の命も知れない剣闘士であっても、みずから命を絶つほどの度胸は持ち合わせていない。いや度胸というよりも絶望というべきなのだろうか。

といっても、私などはまだましな部類の剣闘士だろう。死罪に値する悪事を犯した者なら、あの大男のように野獣と戦わされるはめになるのだ。おびただしい数の猛獣が多種多様にとりそろえられ、餌にありつくのを待ちわびている。それまで腹をすかせるように餌が与えられず、見世物直前に野獣が餓死したという噂すら耳にしたことがある。笑い話にもならないが、それほど肉が引き裂かれ血がしたたる餌食の場面が歓迎されるというわけだろう。

それに日頃から片時もなく見張られ、反抗や逃亡を恐れて鎖に繋がれ足枷《あしかせ》されることさえある。胸中ひそかに策略を練っても、自殺の願望を実現することすら容易ではない。それでも、思いがけない秘策をこらして看守をあざむいた事件ならあとを絶たないほどある。カプアの訓練所にいたころ聞いた話だが、やはり午前中にある闘獣公演に護送中の出来事だったらしい。ある剣闘士が居眠りするかのごとく頭を垂れながら、とつぜん車輪の箭《や》に頭を突っ込ませたという。車輪の回転で首が打ち砕かれ、男の目的は果たされたのである。

野獣と闘わされる者だけが自殺の願望をいだいているわけではない。模擬海戦の興行で起こった事件だった。蛮族の戦士がなぶりものの拷問のような見世物をあざけりながら、みずからの槍を自分の喉に深く差し込んだという。この男には、人を殺すことよりみずから命を絶つことが、観衆を侮蔑し己を矜持することだったのかもしれない。

自殺した剣闘士の話など数えきれないほど聞いていたが、やはり見知った人間が身近で命を絶ったとなると、にぶくなった胸にもこたえるのだろうか。あのゲルマン人の汗に汚れた顔が心にのしかかり、鬱々《うつうつ》たる気分になる。己だっていつとも知れない身であれば、そのような他人事など気にしているどころではないのだが。

ずきずきするような頭痛を覚えながら、頭を振りはらって、身支度を整えた。階段を降りると、水貯場で顔を洗う。薄暗い食堂でパンを配られ、湯水を飲みながらそれをかじった。ぎしぎし軋む腰掛けに座してまわりをながめても、あの出来事のせいか誰も押し黙ったままだった。そうではあっても、何事もなかったように、いつもの訓練の時間が始まるのだ。

広場に出て、手足を伸縮させながら身をほぐす。準備運動は心身ともども穢《けが》れをぬぐい去ってすっきりするのだ。やがて、こわもての執事がやってきて、集合と点呼。いつもなら「さっさと装備して訓練にとりかかれ」と怒鳴るだけだが、今朝はちがっていた。「あの百貫でぶめが不様に自殺しおって、頭首殿はお困りじゃ。なおいっそう訓練に励んで、無事に務め上げれば、この難行から解放されるのだ。木剣の名誉にあずかれば一生安泰なことをゆめゆめ忘れるな」と訓戒を垂れるのだった。

お決りの防具を着けて重い木剣を取り出し、素振りを始める。右手でも左手でも腕が動かなくなるまで振る。私は右利きだが、かりに試合中に右手を負傷しても、左手でも戦えるようにしておかなければならない。それにどんな道具でも武器になるのだから、予期せぬ場面に遭遇しても臨機応変に柔軟に行動することが肝心なのだ。

陽が広場の半ばに射しかかるころ、三人の師範が出てきた。なかにアウルスがいるから、ムルミッロ闘士の訓練は厳しいにちがいない。新人のころは藁人形か木像ばかりが相手だったが、今は防戦士や攻戦士を相手にすることも少なくない。ひょっとすると、今日は模擬戦になるかもしれない。

アウルスは私を呼び出し、相手にトラキア闘士テレフスを指名した。背丈はいくぶん低いが、浅黒くがっしりした筋肉がことさら武人の力強さを際立たせる。三〇回以上の実戦経験者らしいから、模擬戦とはいえ、しんどい戦いになるにちがいなかった。

アウルスは「まずやってみろ」とだけ言って後ろにさがった。テレフスは私をじっと睨みながら、口元に笑いを浮かべるかのように突っ立っていた。私の背に陽光を感じたので、位置取りは有利だった。まず軽く一撃をくらわすと、テレフスは楯をずらしただけで一突き反撃してきた。ずっしりとした衝撃が楯にくいこむように感じられた。こいつは手強いぞ、と思う余裕もなかった。私は右足を踏み出し、力をこめて次の一撃を加えた。テレフスはまた楯で受けるかのようにして身を逸らしかわしてしまうのである。

そんな似たりよったりの動作をくりかえし、どれくらいの時が経ったのだろうか。テレフスは私の一撃をときどき楯で受けるだけで、あとはすんなりかわしてしまうのである。私は全身に汗がにじみ出るのを感じながら、気力を振りしぼって攻勢に出た。しかし、気がつくと、いつの間にか、テレフスの背に陽が当たり、表情が暗く見えにくくなっていた。すかさずテレフスは大振りの一撃をくらわし、それを楯に激しく感じたときだった。たてつづけに次の強烈な一突きが入ると、私は楯で受けとめるのがやっとだった。私は思わず、もんどり打って後ろに突き落とされてしまったのである。テレフスの姿が目前にのしかかるように突っ立っていた。

師範のアウルスがやってきて、「ミヌキウス、立ち上がれ。お前の負けだ。テレフスよ、ご苦労だった」と言った。テレフスが立ち去ったあと、アウルスは私に試合の敗因を説明しながら、あれこれと忠告した。

アウルスが指摘したのは、まず足の運び方についてだった。爪先を少し浮かせて、踵《かかと》を強く踏まなければならない。足を使うには、大きくしたり小さくしたり、あるいは速かったり遅かったりしても、つねに歩いているかのようであるべきだ。飛んだり浮いたりするのが悪いだけでなく、じっと動かさないでいるのもよくない。テレフスはこの基本ができているので、敵に隙を与えないのだという。さらに大事なことは、片足だけを動かさないことである。撃ちつけるとき、引くとき、受けるとき、いつも右、左、右、左と交互に踏むのがよい。くれぐれも片足だけを踏んでいることのないように、よくよく念頭においておけ、と言うのだった。

もうひとつ大事な点がなおざりにされている、と師範は指摘する。それは目の付け方だというのだ。視野は大きく広くしなければならない。それには、心でしっかり見て、肉眼ではゆったり見るくらいがいいのだ。遠いところを近くに見るように、近いところを遠くに見るようにするのが肝要だという。それは敵の武器を心で知りながら、それだけに目を奪われないということだ。私は敵の武器に目を向けすぎることを師範はほのめかす。目玉を動かさずに両脇を見るように心がける。このような心得が大切とはいえ、目まぐるしい戦いの最中にすぐにわきまえられることではない。だから、日頃からそのような目の付け方に心がけ、どのような場合でも目付が変わらないように努めるのが優れた剣闘士になる道だという。

春が近づいているので、私が剣闘士になって三年目を迎えることになる。武人として偉くなるつもりは毛頭ないが、まだ死んでもいいと投げやるほどの心境にはない。この世に未練があるわけではないが、なにかしら思いは残っている。私はまだまだ剣闘士として未熟だと思い知らされた。生き残るためには、なんとしてもこの道を究めなければならないのだろうか。

そういえば、アウルスといえども、かつては剣闘士だった。練達のムルミッロ闘士として活躍し、やがて木剣の栄誉にあずかり、奴隷身分を解放されたのだ。生涯戦績は三二戦二八勝だったと語ったことがある。敗北した四戦も善戦が認められて殺されずにすんだのだろう。どんなことで負けたのか、いつかはその理由を尋ねてみたいものだ。

Ⅱ

ユピテルの子を自負するヘラクレスはガエトゥリアの紫貝で染められた薄手の上衣《トゥニカ》を着ていた。そのかたわらでかぐわしい香りのする髪を垂らした高貴な女が金糸織りの衣を身にまとい、その襞は目にも鮮やかだった。まわりでは小綺麗な身なりをした下僕たちが食欲をそそるご馳走と葡萄酒の用意をしていた。私はヘラクレスから獅子皮の衣をもらって身に着け、彼の目の前に座していた。

これから宴が始まろうとしていた矢先に、目が覚めた。「偉大なる勝利者」とよばれるヘラクレスの夢であれば、戦いに挑む剣闘士にとって、このうえなく吉兆を告げるものである。でも、私にはなにかしら不吉な予感がしてならない。ある夢占師が話していたことが妙に耳に残っているからだろう。

たしかに力と勇気を象徴するヘラクレスは、競技にしろ裁判にしろ戦闘にしろ、争い事に立ち向かう者に勝利を約束する。しかし、彼と食事をしたり、彼から贈物をもらったりするのは、必ずしも吉兆ではないという。ヘラクレスとともに時を過ごしたのなら、この英雄の筆舌に尽くしがたい艱難《かんなん》辛苦に分かちあずかり、同じ生涯をたどるという宿命を暗示しているからだ。

明日に実戦をひかえた私には、ヘラクレスの夢が重くのしかかっていた。戦う者にとって勝利の英雄は守護神でもあるはずなのに、この夢見のあとは晴れ晴れとした気分になれない。すさまじい試練とつらい苦難だけが待ち受けているのではないだろうか。せめて、ヘラクレスと酒杯をかわさなかっただけでも、ましではないか。同じ皿に手を伸ばして牝豚の乳房も肥ったカタツムリも口にしなかったのだから、いいではないか。酒宴が始まる前に目が覚めたのだから、ヘラクレスとともに過ごしたことにはならないのだ。そんな想いをくりかえしながら、私は鬱々《うつうつ》とした心をなだめすかすばかりだった。

戦いが近づいてくると、誰しも些細なことが気になるのだろうか。どこかで誰かが悪霊を呼び起こして呪いをかけ私の敗戦を願っているかもしれない。そんな姿を思い浮かべると背筋が寒くなってくる。私の敵に呪いをかけている奴だっているかもしれないのだから、どっちみち同じことだ。あいつらにとっては、賭け事にすぎないのに、あれこれ思い迷う自分が哀れとしか言いようがない。

試合の前日だから、激しい訓練は避けて、それぞれが思い思いの運動で身をほぐすだけだ。太陽が高くのぼるころになると、明日出場の戦士は広場に連れ出され観衆の目にさらされる。広場の柱廊には出場予定の剣闘士の肖像画がまるで生き写しのごとく飾られていた。そこに群がった人々は、その肖像画と本物を見比べるかのように、全身をなめまわすかのように、好奇のまなざしでわれわれをながめていた。やがて営舎に戻り、午後の運動が終わって、浴室の管から流れる水で身体を洗う。

夕刻になると、明日の出場者全員が食堂に呼び集められた。普段なら口にすることもない豪華な食卓が用意されている。会食者のなかで誰かが死ぬかもしれないのだから、最後の晩餐《ばんさん》というわけだ。明日の試合は六組の一二人だが、会食を見守る物好きな見物人もいた。

前菜には、二つの盆の上に緑のオリーヴと黒のオリーヴがのせられ、別の盆には黒いスモモと赤いザクロが盛られていた。金網の上にほかほかと湯気の立つソーセージが盛りつけされていた。あどけない顔のカルプスがそばにきて蜜酒を杯に注いでくれた。やがて念入りに封をした大甕《おおがめ》が運び込まれると、その首には「ファレルヌス酒」という名札が貼りつけられていた。

物好きな見物人の奴らは、なにがおもしろくてわれわれ剣闘士の晩餐をながめているのだろうか。死を目の前にした人間がどんな様相でご馳走を食べるのか、それが見たくてたまらないのだろうか。がつがつと野獣のごとく喰らいつき、こぼれんばかりに美酒を飲みほす姿を期待しているのだろうか。しかし、われわれは黙々と控え目に食べ物に手を伸ばし、ちびちび杯を傾けるだけだった。明日にも命を落とすかもしれないときに、目前に豪華な皿が並べられても、獣まがいに胃の腑を喜ばせる気にはならないのだ。そんなことより、これまでの恩人や友人たち、それに仕残した事どものことが念頭を去来するばかりだった。

やがて丸ごと焼かれた子豚をのせた盆が運ばれてきた。包丁をもった料理人がきて用心深い手さばきで豚肉を切り裂く。それを見つめているとき、明日の対戦相手であるトラキア闘士カリストゥスと目が合った。戦歴はそれほど多くないが、若く精力的な剣闘士だった。敵を睨みつけるかのような、なにか思いつめたような視線でもあったが、どこか訴えかける悲しそうなまなざしでもあった。私は思わず視線を逸らし、ファレルヌス酒の杯に手を伸ばしながら、香ばしい豚肉を少しだけ口にした。

最後の晩餐が終わると、あとは寝るだけだった。狭苦しい部屋で藁床を整えて、身体を横たえる。窓からもれる月明かりが青白く目にしみるようだった。明日が一二回目の戦いになるにしても、もはやすべてを諦めきれる気になるものではない。戦場の兵士には祖国のためという大儀があり、明日をも知れぬ命に怯《おび》えながらも、どこかに安堵をもたらす穏やかな気分があるかもしれない。しかし、剣闘士は民衆の慰めものでありながら、自分が生き残るために戦わなければならないのだ。明日の戦いのない相棒のユヴェニスは静かな寝息を立てながら安らかに眠り込んでいた。ときどき遠くから犬の鳴き声が響くばかりで、果てしない夜の静寂《しじま》が広がっている。その空漠さが底なしのように感じられ、自分のおののきを吸い込んでしまいそうな気がした。

ずいぶん深い眠りから覚めたようだった。ほどよい酒のせいでぐっすりしたのか、夢すら記憶にない。戦いの日の朝に、夢を見れば気にならないわけではないから、これならすっきりした気分でいられる。それでもこれが最後の目覚めになるかもしれないという思いが走ってしまう。再び目を覚ますことのない永遠の眠りに陥らないとはかぎらないのだから。

眠そうな目をこすりながら、「いよいよだな」と相棒がつぶやいた。なにも答えない私を励ますかのように、「負けるわけがないさ」と彼はよどんだ声を高めた。ユヴェニスはいつもそうやって波立つ私の心に気づかってくれる。そうさ、ヘラクレスは難行苦行を強いられながらも、それを切り抜けたのだ。俺も負けるわけにはいかない。一昨夜の夢が念頭をかすめたので、私は張りさけそうな気分を静めながら、声にならない言葉を唱えるのだった。

軽い朝食を終え、用足しもすませて、身支度を整える。青銅製の脛当《すね》てには、右手を上にかざしたウェヌスの女神が象られ、葡萄の樹の葉が蔓巻状にからみつくかのような姿で彫り刻まれていた。防具の重さをずっしりと身に感じながら、営舎の玄関に出て迎えの車を待った。やがて色とりどりの絵具で塗り飾られた馬車が目の前に止まり、われわれは急かされるかのように馬車に乗った。ここから戦いの舞台まで馬車を利用するほどの距離ではないが、この世から抹殺されるかもしれない者を送別するつもりなのだろうか。それより死の恐怖のために逃げ出しかねない者を閉じ込めておくのだろうか。

闘技場に着くと、われわれは馬車を降り、入場口に近い控えの間で待機することになる。こんな静止した時間こそ恐れと不安がからまる雑念にさいなまれるのだ。いっそのこと早く武装して戦ったほうがましなくらいだ。といっても、まだ刀剣や槍はおろか、防具すら、身近にはない。ふとカリストゥスのほうを向くと、自分の気を静めるごとき素振りでいながら、身体を小刻みにふるわせているかのようだった。その緊張感はこの男の敵になる私の心すらも波立たせるのだった。防具である鉄兜《てつかぶと》と楯はいつも入場行進が終わってから手元にくる。そんなものを身に付けていたら、顔も肉体も観衆に見にくくなるからだろう。われわれはどうあがいてみても民衆の晒し者なのだ。

やがて入場行進の行列が始まる。剣闘士は行列の先頭に並べられ、死の行進を盛り立てるのだ。ひときわ高い歓声があがり、耳をつんざくほどだった。観客席を見あげると、手を振りかざし声をはりあげる人々で埋めつくされていた。われわれのあとには束鉞《そくえつ》をもった二人の先導吏を先頭に楽士たちがつづき、そのあとからウィクトリア女神、ヘラクレス神、マルス神らの彫像が運ばれる。広報板の掲示人と棕櫚《しゅろ》の枝の運搬人がつづき、いよいよ主催者のお偉方のお出ましなのだ。白服《トガ》の正装でおごそかに足を運んでいるのだろう。そのあとには剣闘士の武具を運ぶ連中がつづいているのだ。われわれの背後から、角笛、喇叭《らっぱ》、木管などが奏でる高らかな音が聞こえてくる。そこに流れる曲は観衆には晴れやかな高揚した気分をもたらしてくれるかもしれないが、これから戦う者の心には迫りくる悲惨と慟哭《どうこく》の歌にも聞こえる。

演奏がつづくなか、いったん控え室に退き、やがて模造の武器をたずさえながら、再び闘技場の舞台に出る。喇叭の甲高い音色に水オルガンの穏やかにうねるような響きがかさなり、否が応でも観衆の高鳴る気分をあおるのか、歓声は荒波のごとく押し寄せるのだった。これこそが序演であり、この舞台の真ん中で闘技の舞を演じるのだ。どの剣闘士も役者さながら躍り出て、それぞれ模造の刀や槍を振りまわしながら、戦闘の真似事をする。戦う者の身体をときほぐすことがまるで死闘への心構えを整わせるかのようだが、その光景は観衆の興奮をことさらかきたてているにちがいなかった。だからこそ、華麗に力強く演じなければならない。それが民衆の関心と好意を得る秘訣なのだ。ここでは民衆の意思だけがものをいうのであり、われわれは晒し者であることを覚悟しなければならない。

やがて本物の刀剣が闘技場の舞台に持ち出される。刀剣は鋭くとぎすまされているか、偽装されていないかが念入りに点検されるのだ。こういう儀式めいた手続きは血のしたたる死闘を待つ観衆の気分をさらに高揚させるにちがいない。われわれが舞台から退くと、騎乗した剣闘士が登場することになっている。剣を振りかざし、所狭しと疾駆する騎士の姿に満場は興奮の坩堝《るつぼ》と化すのだ。それは戦闘の取組が開始されることを告げるからだ。

われわれは出入り口からしか光がもれてこない薄暗い控え室で待つしかなかった。最初の取組になる二人が呼び出されると、室内には張りつめるかのような沈黙が漂った。無言のまま物音ひとつもしないのだが、観客席から届くけたたましいばかりの騒音がこの室内の静寂を際立たせるのだった。

私の取組は三番目だとあらかじめ知らされていた。それまでここでどれほどの時を過ごさなければならないのだろうか。観衆のかきたてる歓声はときおり打ち寄せる大波のごとくひときわ高まることがある。そして波が引いてしまうように歓声が静まってもいく。そのような喧騒と静穏がくりかえされると、おのずから試合のなりゆきが想像されてくる。しかし、それは他人事であるわけではなく、我が身の運命にも思いおよんでしまう。私は、技量を磨き、体力を鍛え上げ、気力を充実させて、今ここにある。それが私だ。私は私であり、それ以外の何者にもなりえないのだ。そんなことより、いっそカリストゥスを煮えたぎるほど憎めるならば、このひとときがどれほど空虚とは感じずにすむだろうに。これも剣闘士の宿命というものだろう。

およそ半時ほど過ぎたときだろうか、ひときわ歓声が高まり、やがて「許せ、許せ」の大合唱があがった。おそらく敗者は殺されずにすんだのだろう。薄闇の沈黙のなかにも安堵の吐息がもれている。といっても、これから戦う身にはそれだけ死に直面する機会が減るわけではない。むしろ死者を見る機会は増したという不安がないではない。観衆はいつも温情を示すとはかぎらないのであり、かえって我が身の取組のときに血をあびることになりはしないかという危惧感がめばえる。民衆は気まぐれでしかなく、ひとたび闘技場を訪れたからには流血を見ずには満足しない輩《やから》も少なくないのだ。

二番目の取組が呼び出された。隣に座っていた網闘士クレスケンスと向こう側にいた追撃闘士ケラドゥスが立ち上がる。その隣で黙々と瞼を閉じていたカリストゥスは目を開くと出て行く者たちに目をやった。それから私をきつく見つめると、眼光はきらめいていた。その挑発的なまなざしは私の空虚な心に突き刺さってくるようだった。あの若者がどんな生涯を送っていたかは知らぬが、あいつに負けるわけにはいかないのだ。

角笛、喇叭、木管、水オルガンの音色が入り混じり、その演奏にはやされるかのような甲高い喚声が寄せては引く。それを耳にしながら、私の修辞学教師だったクイントゥスの言葉が脳裏をよぎった。「教養のない聴衆は派手な多弁に目を奪われやすいが、それに騙されてはならない。多弁と雄弁とは異なるのだ」というのが彼の口癖だった。おそらく若いカリストゥスはがむしゃらに攻撃してくるにちがいない。その多弁な攻撃を雄弁にかわすには柔らかな手さばきで臨まなければならないだろう。渾身の力を振りしぼってくる者には力を抜いて冷静に振る舞えばいいのだ。

喚声がけたたましくなり、騒然とした場内の様子がひとしきり伝わってくる。やがて「ケラドゥスを許せ、許せ」という大合唱が高まり、主催者の合図がくだされたのだろうか、拍手が鳴り響いた。静まりかえっていた薄闇のなかで、どこからか深い溜息が聞こえてきた。

いよいよそのときがきたのだ。扉を開いた呼出し係に連れ出され、カリストゥスとともに光のなかに出る。陽がまぶしく、瞼を開けていられないほどだった。前にいる告知板持ちに従って歩み出すと、観客席から微かな香水の匂いが漂ってくる。楽士たちの奏でる曲は激しい音色を響かせ、そこにいる者たちをこのうえなく高揚した気分にさせるのだ。派手に着飾った進行役が大声をはりあげ、前口上をがなりたてる。「ムルミッロ闘士ミヌキウス、一一戦八勝。トラキア闘士カリストゥス、七戦五勝」。それとともに、観衆の叫ぶ声援が耳を通り過ぎていくようだった。

観客席のかたわらに担架が運び出されたのが目にとまると、水オルガンの音色が妙に葬礼の儀式を思い起こさせるのだった。私の人生は惨めであったかもしれないが、悦楽の日々がなかったわけではない。死の淵に立たされれば、かえって胸躍った日々が蘇ってくる。だが、もはや戻ることのない過去をなつかしがっているときではないのだ。私は剣闘士であり、戦うよりほかに生き残る術はないのだ。

ゆったりした上衣《トゥニカ》を着た審判が補佐を連れて歩み寄り、型どおりの注意を与えながら、細棒で地面の上に白い印をつけた。合図があるまでこの間隔を守らねばならないのだ。それから刃先を点検済みの真剣が渡された。鋭く尖って刃先が光り、それを手にすると恐怖が消えていくような気がした。担架の近くでは鉄板を熱くする火炎がゆらめき、奇妙に戦意をそそるかのようだった。型どおり見栄えのする剣舞をすませれば、いよいよカリストゥスと向かい合うことになる。

貴賓席の中央に座った貴人が主催者にちがいない。「興行の主なる恩人様、万歳。われわれ死にゆく者が最後に挨拶します」。決り文句を唱えると、その御仁が戦闘の合図を送った。

カリストゥスのほうを向くと、左上方に太陽があり、私の位置はきわめて不利だった。右手の短い剣は左手の楯に隠されているので、どこから飛び出してくるか、注意しなければならない。敵が少し動くと、太陽がその真後ろになった。人影しか見えなくなった瞬間、いきなり近づいてきた黒い物体から剣先がきらりと光った。楯で全身を覆うかのようにして、強烈な一撃を耐えるしかなかった。

なによりも敵の背に太陽がいないようにしなければならない。私がまわりこもうとすると、たてつづけに敵の一撃が迫り、楯で受けとめるのが精一杯だった。私の思惑を読んでいるから、敵はあくまでも自分の背後に陽をあびるつもりなのだ。幸い私の楯は大きいので、防戦には向いている。でも、一撃をまともに防いでいるだけでは、たびかさなる衝撃が左腕をひどく疲れさせる。黒い人影をとらえるのがやっとで、攻撃どころか機敏な楯さばきができないのだ。とにかく敵の動きがはっきり見えるようにしなければならない。

十数回は同じような攻防がくりかえされただろうか。やがて黒い人影がひととき静止したのを私は見逃さなかった。その瞬間、右側にまわりこむと、太陽は敵の背後から消え去り、トラキア闘士の姿がはっきりと浮かび上がった。度しがたい恐怖がなくなり、全身に闘志がみなぎってくるのを感じた。

敵はなおも攻撃の姿勢をくずさなかったが、その動作は明白だった。楯の下手から剣を突き出し、私の足元を狙ってきた。私は楯で軽く受けとめるようにしてずらすと、敵は自分の力で私の楯にぶつかってきた。それをはねのけながら、私ははじめて攻撃の一撃をくらわした。敵は自分の楯で受けとめるのがやっとで、よろよろと転げんばかりに退いた。

敵が攻撃をためらってしまったのか、しばらく睨み合いがつづいた。私は自分から攻撃するよりほかになかった。前に踏み出し、楯に隠した剣を突き出し、ときには突き出すふりをした。敵は防戦する一方で、私の一撃をやっとの思いで防いでいるように見えた。ときどき間隙を突いて、攻撃してくるのだが、私の楯で軽くかわされるために、強烈な突出しがためらわれるかのようだった。

やがて、トラキア闘士の背後には審判補佐があらわれて鞭をしならせ始め、そのかたわらでは灼熱の鉄板をかかげた男が右往左往していた。観衆は狂ったように怒声をあびせ、甲高い喇叭の響きが耳をつんざいた。私が詰め寄ろうと進み出たとき、トラキア闘士は猛然たる勢いで突進し、気迫のこもった一撃をくらわしてきた。ずらした楯を剣がかすめ、勢いあまって楯と楯とがぶつかってしまう。私はすかさず力をこめて剣を突き出すと、敵はかろうじて楯で受けとめながらよろめいてしまった。さらにもう一撃を加えた瞬間、捨身になって振りまわした敵の刃が私の右足の膝上をかすめ切り裂いた。だが、敵は体勢を整えられずにふらつきながら私の強撃を受けとめるしかなかったのだ。もはやトラキア闘士はふんばってはいられず、仰向けにのけぞって倒れてしまった。追撃していた私はすぐに走り寄り、敵の眼前に剣先を突きつけた。膝を立てて起き上がろうとしたが、トラキア闘士は観念して楯を捨て、左手の親指をあげて降参の意を示すのだった。鉄兜の奥では絶望した目からこぼれる涙がきらりと光っているようだった。

騒然とした場内から、「殺せ」とも「許せ」ともつかない叫びがあがり、やがてそれは「殺せ、殺せ」の大合唱になっていた。負けるわけにはいかなかったが、それは耳にしたくない叫び声であった。勝者だからといって意気揚々たる気分になれるわけではない。敗者の絶望が深ければ深いほど、勝者の覇気《はき》もしぼんでしまうのだ。傷の痛みを感じながら、血の滴る右足をながめ、右手の剣を汗でにじむほど握りしめていた。

ここを取り仕切る御仁のほうをじっと見つめると、親指を突き出しそれを下にかざしながら「喉を切り裂け」と叫んだ。私は地面に横たわった鉄兜の脇からのぞいた喉下を見つめ、剣をあててとどめを刺した。ぐさっと突き入れた右手の感触とともに、えもいわれぬ反吐《へど》が胸にこみあげてきた。だが、私の頬に血がほとばしったとき、その生温かい肌ざわりは無念の涙と振りしぼった勇気を伝えているようだった。どよめく歓声につつまれていたが、そんなことなどどうでもよかった。殺された者の哀れさも殺す者の惨めさも観衆にはなにひとつ意味がないのだ。

敗者の硬直した身体とともに、勝者の心も硬直する。獰猛《どうもう》な気分になれるなら、もっと勇壮な剣闘士になれるかもしれない。しかし、人を殺すことに馴れることなどあるのだろうか。幸か不幸か剣闘士たる気質に恵まれないのかもしれないが、この気分は私の逃れようもない現実なのだ。

黄泉《よみ》の看守が出てきて木槌で額を叩き、覆いをかぶせられた死体はメルクリウス神の服を着た人々により担架で西門に運ばれていった。子童《こわらわ》どもが血の跡の印された砂地を掃き清める姿を横目にながめながら、演奏と歓声の鳴り止まぬ舞台を立ち去った。なんの感興すら沸かず、身も心も憔悴《しょうすい》しきっていた。

Ⅲ

翌朝、ずきずきする傷の痛みで目を覚ますと、私は右足をひきずりながら身支度をしなければならなかった。昨日の激闘のあと、医者は、私の右足の太股《ふともも》から滴る血を葡萄酒で洗い流し、酢に浸した松脂《まつやに》を塗って、包帯をしていったのだ。とりあえず止血をして、明日まで様子をみると言ったまま出て行った。

医者のデメトリオスはギリシア人であり、哲人ふうに髭をはやしていたが、親しみやすい壮年の男だった。ふだんはしかつめらしい顔をしていたが、目を向けると口元には愛嬌のある笑いが浮かび、相貌をくずすのである。きつく締められた包帯をほどきながら、鋭い眼光で傷口をながめていた。私から痛み具合を聞いたあとで、太股の付根のところに触れながら、「食欲はあるかね」とたずねた。かくべつに変わりはない、と答えながら私が訝しそうにしていたせいだろうか。医者は苦笑いを浮かべて、こんな話をした。

「股の付根が腫れたとしても、患部が炎症を起こす前なら、胃の消化力は落ちないのだ。というのも、付根の腫れも傷口も胃の活動を妨げるほどのことはないからだ。でも、患部が炎症を起こすと、すぐに消化力が落ちることになる。それというのも、自然の熱が過剰になり、不釣合いになってしまうからだ。この不自然な熱が胃の活動をそこなってしまうのだ」。

そこまでの説明を聞くと、なぜ過剰な熱のために食欲がなくなるのか、と私は尋ねてみた。

「お前も好奇心の強い奴だね。でも、この傷では数日は安静にしておるのがよかろうから、そんなことで気をまぎらわすのもましだろう。

そもそも病というものは、もっとも根本のところで四つの点で相違することになっている。それはそれぞれ、熱、冷、乾、湿であり、多くの医者がそれで判断するのだ。だから、外傷であっても不自然な熱が出れば、まずは疾病《しっぺい》の一つということになる。熱の釣合いがとれておれば、食餌《しょくじ》は血液になるが、過剰な熱なら胆汁を生じてしまうからだ。胆汁は必ずしも有益ではないから、食欲がなくなってしまうのだ。

まあ、早く傷口を治し、熱、冷、乾、湿の均衡を保つ身体になれば、食欲も増すことだろう。剣闘士はなによりも健康でなければならんのだよ。たっぷり食事をとることだね」。

そんな話を聞きながら、私は日頃から疑念に思っていることを医者に尋ねてみた。それは、世間ではわれわれ剣闘士のことをホルデアリウス（大麦食い）と呼んで蔑《さげす》んでいるようだが、その理由を知りたかったのである。

「たしかに、ことさら健康でなければならぬ剣闘士であれば、今では人様でも奴隷しか口にしないし、家畜の餌にしかならぬ大麦がもっぱら剣闘士に与えられるのはおかしなことかもしれん。そもそも大麦は人間の食べ物のうちでもっとも古いと言われている。ギリシア人は粥をつくるのになによりも大麦を好んでいた。でも、それは昔のことで、当節のローマ人は大麦をきらっておる。ほとんど家畜の餌にしかならぬものをたらふく食べておるのだから、これはもう嘲笑されるべきことなんだろう。もっとも、大麦の粥がたしかに力と健康をもたらすのに役立つのは十分に証明されておることなのだ。医者のなかの神様みたいなヒポクラテスという偉人がいたが、この人は大麦の効用を賛美するために一冊の書物を仕上げたくらいなんだよ。

そうはいっても、近頃耳にしたところでは、大麦が筋骨たくましい身体をつくるという常識に異論を唱える医学者もいるらしい。その医学者の主張では、多量の大麦を食べれば太るにはちがいないが、それは筋肉隆々というのではなく、肉を太らせ軟らかくするだけだという。つまり、おおかたの連中は筋肉と脂肪を区別せずに混同しているわけだ。わしはこの意見にも一理あると思っているし、適度に食べるくらいが食養生にもいいはずだよ。

しかし、まあ、なんといっても世の中には貧乏人が多いことだし、あいつらにはたらふく食べるものがないのだから、大麦にしろ満腹になれる剣闘士は目立っているのかもしれん。妬ましい奴らに侮蔑の渾名《あだな》をあびせるのはよくある手だよ」。

剣闘士の世話をする医者はなべて腕利きが多いが、それにしてもこの医者は際立って物知りにちがいない。私には感心するしかなかった。好奇の視線でながめながら、思わず私は、どこでそんなに医学を修めたのか、とさらに問いただしてみた。

「わしは小アジアのペルガモンで生まれ、親父が見た夢のお告げに従って、医学を志すようになった。最初は故郷の神殿医師について学び、やがてエジプトのアレクサンドリアに行くことにした。なんといっても、そこは世界最大の規模を誇る大図書館があり、世界中から学者も学生も集まってくる。一口に医学といってもさまざまな考え方があるが、アレクサンドリアにいれば諸派入り乱れてどんな意見でも聞けるってわけだ。とくに人体の医学解剖はそこでしかおこなわれていなかったので、それから学べることははかりしれないほどだったよ。

そこで五年間ほど研鑽して、やがて各地を転々としながら、この剣闘士養成所の医者になったよ。お前らには悪いが、人体を切り裂く流血の修羅場は、わしら医者にとっては、人体の生理を観察するには格好の仕事場なのさ。アレクサンドリアを除けば、ほかのどこでも医学解剖が許されてはいないから、剣闘士の手当ては医学解剖の絶好の機会にもなるってわけだ。それに、興行主にとって剣闘士は高価な財産だから、その生命維持と健康管理のためには優れた医者が望ましいのさ。それで高額の報酬をくれるわけだが、正直言って、それもここで働く大きな魅力にちがいないさ。だから、たしかに剣闘士の手当てをする所には腕利きの医者が集まってくることになるだろう。わしもその腕利きの一人だと思って信頼してもらえれば本望だよ。まあ、しばらくゆっくり身体を休めていたわることが肝心だよ。また、明日もくるからな」。

医者が私の髪に手をやったとき、その腕からかすかな体臭が匂ってきた。それは治癒神アスクレピオスの社を訪れた際に感じた匂いにも似ているようだった。肩幅の広い背中を向けて立ち去る医者の後ろ姿には見たこともない父親の逞しさが漂っているような気がしたのは、私の錯覚だったかもしれない。

足の治療を受けているから、しばらくは身体を休めているほかになかった。寝室の窓から少しだけ明かりが射してくるのがただひとつだけ外界にふれる機会だった。そうはいっても、明日ともしれぬ剣闘士の身の上でありながら、そんな境遇の男に会いたがる女たちも少なくなかった。なかには求められるままに誰彼となく逢瀬をかさねている連中もいるらしい。私にも幾人かの女性が面会を求めてきたが、誰にでも言われるままに会っていたわけではない。なにかと贔屓《ひいき》にしてくれるのはありがたいのだが、気心も知れない他人と言葉をかわすのは面倒なだけだった。そうしたなかで、奇妙にも、ただ一人の女にだけは打ちとけていられた。

女の名はルキア。私より六歳ほど年上というから、三十歳は超えているだろう。柔和な顔立ちのわりには、どこか気の強いところのある女だった。しばしばひそめたりとがらしたりする眉の動きが表情の豊かさに趣を添えていた。十歳以上も歳の離れた富豪の夫はこの地方の有力者であったが、世俗にまみれ見栄ばかりを気にする男だという。病弱なくせにそのことを悟られまいとして消化に負担のかかりそうな豪華な食事をつくらせるのは呆れるほどだわ、と彼女は笑いながら語ったことがある。もっともこの種の話は男の気を惹くための作り話ということもあるから、私はほどほどに納得したふりをしていたのだが。

それにしても、その日の彼女は紅潮しているようにみえた。

「あなたが傷を受けたのは観客席からもはっきりわかったのよ。勝者なら拳をあげて威高々に勇姿を誇示する剣闘士が多いのに、あなたは無表情だったわね。あれは自分の傷の痛さのせいだったのかしら、それとも、私はそう思うのだけど、人を殺したことであなたの心が凍りついてしまったのかしら。もっとも、そんな心持ちだからこそ、私があなたに惹かれるのも確かなことだわ。

でも、あの日からずっとあなたのことが気になってしようがなかったのよ。やっとのこと今日は家を抜け出すことができたのね。でも、顔色もいいから、きっと安心してもいいのよね。このままずっと看病していてあげたいわ。あなたは不自由だろうから、お気の毒様かもしれないけど、今は私のものであってほしいのよ。

そういえば、こうやってときどき会えるにしても、いつも私が話してばかりで、あなたはあまり口を開いてくれないのね。無口な男だとは思わないけど、そうそうきっと私がおしゃべりなだけかもしれないわ」。

「そんなことはないさ。貴女《あなた》の美しい唇から出る言葉は俺には快いだけだよ」。

私がそう言うと、ルキアは私の傷口の包帯をそっとなでるのだった。

この女は私をかいかぶっているにすぎないのだ。剣闘士といえども誰だって人殺しの行為を勝ち誇っているわけではない。とりあえず自分が生き残ったことを誇示するほかにないのだ。流血のしぶきのなかで、観客は悲嘆も無表情も望みはしない。勝者の剣闘士は観客の声援に陶酔しながら、生と死の境を誰よりも自覚している瞬間にあるのだ。私が勝者たることを誇示しなかったのは、私の弱さにすぎない。あのとき私は自分の生よりもカリストゥスの死を感じてしまった。それはあの若者が私よりも年下であったからかもしれない。自分より永らえてよさそうな弱小者の生命をこの手で絶ったのだ。なんとしても生きたいという意志であっても、憎しみもなく若者を殺してまで成り立つ生がありうるかと感じてしまうなら、高々と拳をあげて生きる勝者を演じることなどできなかっただけなのだ。それは剣闘士としての弱点よりほかのなにものでもないのではなかろうか。ルキアの言葉に私はとりとめもない感慨の迷路に陥りそうになった。

「あなたといえば、確かなことはミヌキウスという名のシチリア出身の奴隷で、ムルミッロの剣闘士ということぐらいだわ。年齢二十五歳といっても、どこまで本当のことかわかりはしないことよ。ごめんなさいね、あなたが嘘を言っているってわけじゃないのよ。あなたの境遇からして、ご自分でもどれだけはっきりしているのかしら。でも、あなたは決して鈍いだけの無口な男ではないわ。褐色の肌から土の匂いのしそうな身体のわりには、賢そうな目をしているもの。さあ、白状しなさい。私にしゃべらせてばかりいないで、ご自分のことをもっと話してちょうだい」。

ルキアは冗談めかして言いながら、真剣そうな目つきだった。それに傷をこうむってからはじめて少しばかりの葡萄酒を口にしたせいだろうか、それともルキアの妙な快活さにあおられたのか、私も口が軽くなってしまったのかもしれない。私は思い出をたどるかのように過ぎ去った日々を語り出していた。

「俺は父親も母親もまったく知らないよ。どこかの町で捨てられていた赤ん坊を奴隷商人が拾ったのだろう。それがシチリアだったかどうか今になってはまったくわかりはしないさ。きっと契約した乳母に育てられ、物心ついたころには、シチリアのマリウス家の奴隷だった。奴隷といっても幼児だから、主人の家の子どもたちとも遊んだりするのさ。よくあることだけど、主人の子どもたちと幼なじみになれば、格別のご寵愛を受けることもあり、奴隷のなかでもお気に入りの仲間になれたってわけだ。

とくにマリウス家の次男坊だったセクストゥスは気弱なところがあり、なにかと庇って世話をやいたものさ。俺より三つほど年下だったが、それで俺が年下の奴をみるとどうも強気になれないのはそのせいかもしれないな。俺より若いカリストゥスを殺《や》ったとき、俺の心が凍りついて動かなくなってしまったのもそんな性分だったからだろうと思うよ。

セクストゥスはなにかと俺を頼りにしていたから、主人の覚えもよかったし、それによく気の利く奴だと誉められたことがあったよ。幼いころから読み書き計算を習わされ、修辞学校にまで行かされたのさ。ゆくゆくは、マリウス家の経理係か記録係を期待されていたのだろう。じっさいに十五歳になったころにはそんな見習いも始まっていたよ。

どこの畑からオリーヴや葡萄がどれほど収穫されたのかを記録したり、それらが詰められた甕《かめ》がどこの商人にいくらの値段で売られたのかを計算することもあったさ。でも、よくやらされたのが御主人の出す手紙の口述筆記だった。よほど大事な便りでもなければ、御主人は自分で筆をとることはないんだよ。あとは大方のことを主人が言って俺が代筆することになるのさ。

そんなこんなの仕事をこなしながら、二十歳のころには、マリウス家の管理を取り仕切る解放奴隷のヘリオスを補佐するまでになっていたよ。俺自身も、あと数年もすれば解放される身になれると期待していたのさ。あの出来事さえなければ、捨て子の奴隷としてはこよなく幸運な境遇にあったと言えるよ。

朝晩は寒くても昼間には春の息吹が感じられるころだった。御主人の奥方が遠方に出かけるというので、幾人かの奴隷と一緒にお供をするように仰せつかった。奥方といっても、セクストゥスの母親は彼が十歳にもならないころに離縁していたから後妻というわけだ。いくらか高慢なところがあったが、妙齢の美貌の御婦人だった。御主人は一年足らずで再婚されたので、奥方にもすでに一〇年近くも側で勤めていたし、時には気にかけてもらっていたから、俺のほうでもお供をするのは当然のごとく思っていたよ。

二夜目の宿のことだったよ。道中の休憩のときに奥方から寝室にくるように耳打ちされていたから、その夜に奥方に誘惑されちまったというわけさ。もちろん俺とて最初は型どおり固辞したし、御主人に申し訳ないという気持ちがあったさ。でも、当節の御婦人のなかには、それなりに夫に忠実を装いながら、貞淑などほとんど気にかけない方々も少なくないのじゃないだろうか。もっとも夫のほうには貞節などという意識すらもともとないのだから、年月を経ればお生憎さまとでもいうところかもしれないがね。若い盛りでもあるし、隷属の身にあれば、色香のただよう美貌の貴婦人に「あんたは好みの男だわ」と言われて、悪い気がしないでもなかったさ。それに旅に出ていたから、御主人に見つかるわけはないという油断もあったかもしれないな。

ところが、やがてお供のなかの誰かが御主人に垂れ込んだというわけさ。誰だか見当はついているが、今さらどうあがいても仕方がないだろう。御主人に呼び出され、俺が黙っていると、しこたま背中を鞭で叩かれたのさ。最後には「もし奥方様がおっしゃるのなら、その通りです」と答えるしかなかったよ。御主人はそれ以上のことを俺に問いただそうとはせずに、「剣闘士をあつかう奴隷商人に売り飛ばせ」とだけ言って立ち去っていったのだ。セクストゥスだけは俺の非業の運命を悲しみ、惜別の涙をみせてくれたが、もはやどうしようもなかったのさ。

でも、神々に誓って言うが、御主人にしてみれば、あれは俺に対する精一杯の温情だったのだと思うよ。あの方にとっては、自分の奴隷の一人や二人を殺すことなど、なんでもないことなのだ。それに、あの方は嫉妬深いわけではないし、むしろ家の名誉をこそ大切に思っておられたのだろう。嫉妬にかられていたのなら、俺の生命は絶たれていたにちがいないのさ。家名を大事にすればこそ、そんな噂が立ったからには、なにか処置をしなければならなかったのだ。それは俺を殺すことよりも、剣闘士として死の瀬戸際に生きて辱しめを受けさせることで十分だったというわけさ。

やがて逃亡の危険がないように焼鏝《やきごて》をあてられ、カンパニアのカプアにある剣闘士養成所に連れてこられたのさ。訓練は苛酷だったが、幸い俺は体力にも恵まれていたから、なんとか凌いできたというわけだ。剣闘士になってからは、どうにでもなれという投遣りな気分にもなれば、なんとしても生き延びてやろうと高揚することもあるさ。あなたのご推察とはちがうが、俺だって血を見ると奮い立つような冷酷無情な剣闘士になりたいと願っているのですがね。でも、こんな身の上なのに、貴女《あなた》のような優しく美しい御婦人が時には会ってくださることは、なんとしても救いになりますよ」。

私が神妙になって話を終えたとき、ルキアはじっと私を見つめていた。そのまなざしにはウェヌスの女神の妙なる輝きがあり、しばらく時が止まってしまったような気さえした。やがて彼女は手を伸ばし私の右手を引き寄せて自分の胸に深く押しあてるのだった。

じつのところ、ルキアに自分の過去を語ったことが、この手記を書き残すきっかけになった。それまでは剣闘士としても想いを書き記すことなど考えもしなかったのである。ルキアは私に男を求めているかもしれないが、彼女は女であるとともに私の心の安らぎでもあるのだ。幸いにも、ことさら読み書きの訓練を受けていたので、私にとって書くことはそれほど億劫《おっくう》ではない。誰のために書き残すわけではないのだが、もしも不運にも命を絶たれたとき、愛すべきルキアのように剣闘士の運命にひときわ同情を寄せる人の目にとまればという思いがないわけではない。もっとも、この世にあって、戦場の兵士でもないのに、殺るか殺られるかという運命を生きる人間の想いが綴られることになにか意味があれば、のことなのだが。

Ⅳ

傷の痛みが軽くなるころになると、身体を休めているわけにはいかなくなった。手足を動かして、体力の回復に努めるときがやってきた。もともとどんな戦いにでも応じなければならないのだから、身体を鍛えておくことはなによりも肝要なのだ。それは床に臥せればかえってよくわかることだった。たとえ訓練中の模擬の武器とはいえ、先の尖った棍棒や長剣、三叉《みつまた》の鉾《ほこ》、竿、槍などどんな武器でも使えるようにしておかなければならない。

やがて傷がほとんど完治したころには、いつもの訓練のごとく重い楯や鎧冑《よろいかぶと》を身に着けて鍛錬するところまでこぎつけることができた。深手を負えば、しばらくは実戦はおろか訓練さえもやらなくてすむ。親方にとって剣闘士は資産なのだから、そうむやみにはこき使っているわけにはいかないのだ。だから、そんな安らぎの時がずっとつづけばいいものをと念じたくなりそうなものである。ところが、現実にそうなると、一日も早く回復し存分に鍛錬したいと願うのはどうしてなのだろうか。私もそろそろ剣闘士として一人前になったということなのだろうか。傷が癒えても元の身体に戻らないことだって少なくない。でも、痛みさえなくなれば剣闘士として働かされるのは、この身に落とされた者の宿命なのだ。障害者の不利を負っていようがいまいが、それも観衆にとってみれば、流血の娯楽にまたとない余興を添えるものにすぎないのだから。

日差しが強くなって、夏の訪れを感じさせるころだった。私は次の試合への参加を申し渡され、それが数日後であることを知って愕然とした。人目にはどうであれ、自分なりには右膝の動きが元に戻っているようには感じられなかった。ときどきガクッとして踏ん張りがきかないし、利き足だからなおさら不安がよぎるのはどうしようもなかった。だが、延期を申し入れたからといって許してもらえるわけではないのだ。医者のデメトリオスは、「かなりの深手だったから、いつまで待っても元に戻ったと感じることはないかもしれないなあ。それよりも今の状態に慣れることだよ」。そう言って肩を叩きながら慰めてくれた。

闘技場のあるプテオリにきたのは、試合の始まる三日前だった。風光明媚な港町は夏の避暑をかねた裕福な連中であふれかえっていたし、彼らは穏やかな舟遊びに飽きると感興にひたる見世物がなによりも楽しみだった。小さな興行なら、同じ養成部隊のなかで戦わされることが多いのだが、今回は別の養成部隊も加わる大きい興行らしい。対戦相手もわからないもどかしさがあったとはいえ、旅の疲れのためか、その夜は海の波音がかすかに響く宿舎でぐったり眠り込んでしまった。

翌朝、午前中の訓練を終えて広場に駆り出される途中で、相棒のユヴェニスが気難しそうな顔をしていた。彼は私と異なり追撃闘士であるが、まずもって対戦する組合せの機会は少ない。その安心感のせいか、武闘の仕方はもちろんのこと、ふと感慨をもらしても、お互いに気を許して話し合える仲だった。

「あまり嬉しくもない噂を聞いてきたよ。お前も俺も、賭け率がかなり高いらしいな」。

掛け率が高いということは観衆が勝利を期待していないことになる。当人たちには対戦相手が伝わっていなくても、民衆はとっくに知っており、試合のなりゆきをあれこれ予想しているわけだ。剣闘士には生死を賭けた戦いでも、見物人にはお金を賭ける見世物でしかないのだ。

「まあ、広場に行けば、わかることだよ。相手が誰だって同じことさ」。

私は吐き捨てるように言ったが、諦めにも似たような沈んだ気分になるのが自分でもはっきりわかった。

広場には屋台の羊肉や魚介類を焼く匂いが立ちこめていた。そのはずれで出場する剣闘士の紹介がなされるうちに、私の相手がトラキア闘士のフェリクスであることがわかった。大男というほどではないが、私より屈強そうな印象はいなめない。顔付からすればむしろ獰猛《どうもう》な感じさえする。ユヴェニスの相手は髭をはやした長髪の大男であり、予想どおり網闘士というからどうみても手強い敵になりそうだった。宿舎に帰る道すがら、ユヴェニスも私もただ黙々と足を運ぶだけだった。

試合の前日は軽い調整ですませ、夕方にはご馳走に彩られた酒宴が待っていた。港町にふさわしく魚介類の盛られた皿がとりそろえられていた。死に臨む人間に食欲などわくものではないが、鰻を焼いた香ばしい匂いはいつになく食欲をそそるものだった。薄く切られて炙られた鮪もまた手を伸ばしたくなるものだった。そのときのことだ。私は向こう側に座って食事をするフェリクスの所作を思わず目が止まるほどに見つめてしまったのである。あの男は左手を伸ばしてその手で口に運んで美味《うま》そうに食べているではないか。あいつは左利きにちがいない。ユヴェニスに目くばせをすると、彼も即座に事を理解した。私の賭け率が高い理由は、あの獰猛な顔付だけではなく、あいつが左利きであることにあったのだ。私は左利きの相手と戦ったことがないから、民衆は私が不利なことをとっくにご存知だったというわけだ。私は上等な鰻や鮪の美味《うま》さが喉から消え去っていく感じがした。

私のような捨て子と異なり、ユヴェニスは奴隷であっても、同じ身分の母親もおり、兄弟もいた。家族らしきものがあったから、ときどきそれを思い出すこともあるらしい。寝室に戻り、床につく準備をしながら、彼は「俺が死んだと知ったら、母さんは嘆くだろうか」とつぶやいた。その思いつめたような表情が薄闇のなかでもはっきり読み取れる気がした。親のない私には肉親の情など思いいたらないことだろうが、弟のようなユヴェニスの心なら想像できないことでもないのだ。とはいえ私とて左利きの相手では為す術もなく、もはやなにも考えまいとしていた。二人とも明日の戦いが重くのしかかっており、諦めとも覚悟ともつかない想いがつのっていたのだろう。

翌朝の寝覚めは最悪だった。大波にあおられた船から投げ出されて溺れそうになる夢を見たから、不吉な予感をぬぐえなかったのだ。もっとも左利きの重苦しさを意識するから、そんな夢見になるという慰めの思いもないわけではない。しかし、こんなときの不吉な夢は誰だって気になるにちがいないだろう。

やがて、馬車に乗り闘技場まで運ばれていったが、外からはしゃぎ声ばかりが聞こえてきても虚ろに響くだけだった。大きな闘技場にはとくに地下の設備が充実しているせいだろうか、午前中に出てきた野獣の遠吠えがときおり不気味に聞こえた。その吠え声も、ものものしい護衛を引き連れた元老院議員の主催者が華麗な戦車に乗って登場すると、民衆の高鳴る歓声にかき消されてしまうのだった。プテオリの出身者で町の保護者にある大立者らしいから、絶大な人気があるのだろう。

今日にでも死にゆく者たちが勢ぞろいをして舞台を歩きまわると、耳をつんざくような喚き声があがり、これまでにない大観衆の興奮が汗のにじむ肌に突き刺さるようだった。その刺激が萎れかけていた気分を奮い立たせたのは、意外なことだった。おぼろげだった戦意がめざめ闘志が蘇ってきたのである。はじめから怯《ひる》んでいたって仕方ないさ。私の宿命は戦うことであり、しかも思いきりよく戦うことにしかないのだから。

その意志を固め幾度となく心に刻みながら、自分の出番を待っていた。今日は養成団ごとに控えているので、幸いにもここでフェリクスを目にすることはなかった。こんなときになってみれば、得体の知れない対戦相手などは目障りでしかないのだ。私のあとに戦うユヴェニスの顔にも紅潮した表情が浮かんでいるようだった。

呼出しがきて、あきれるほどの大観衆の歓声のなかに引き出された。お偉方の前で挨拶をすませ、真剣の武器を選んで手にすると、鋭い刃先のきらめきが恐怖心よりも闘争心をあおってくる。これまでにない苦戦はいなめないのに、これほど挑戦的な気分でいられるのが不思議だった。

蒸し暑いほどだったが曇り空のせいか、陽の光を気にしないですむのはありがたかった。獰猛な顔付の敵でも甲冑《かっちゅう》を着ければ、戦い慣れたトラキア闘士でしかない。とはいえ、左手に剣をかざし右手に楯をもっているのが、今までとは勝手がちがうのだ。進行役は型どおりに紹介をすませ、楽士の演奏がひときわ高まってくる。

審判の指図で向かい合い、戦いの合図とともにしばらく睨み合っていた。観衆は固唾をのんでいるから、背景を奏でる音楽だけがことさら隅々まで響いているようだった。

敵は右利きの相手と戦うことには慣れているのだ。このままじっとしているのが耐えがたく、私は近寄ってまず一撃を加えた。トラキア闘士の左側に攻め込む一撃だったのに、敵は私の攻撃を右手の楯で上手にかわしてしまった。それと同時に、敵は私の右側に一撃をくらわしてきた。私は左手にもった楯でそれを防ぐことができず、思わず右手の剣で払いのけるよりほかになかった。剣と剣が擦れ合う金属音が観衆の興奮を駆り立てるのか、歓声が沸きかえり、戦意を盛り立てる。攻めの一撃は楯でかわされ、敵の一撃は剣で払いのけるしかない。そうした攻防が何度くりかえされただろうか、ぶつかりあう剣と剣の奏でるすさまじい音は闘技場を興奮の坩堝《るつぼ》と化しているようだった。

私といえば、攻守とも右手しか使えないだけではなく、敵のものよりはるかに大きく重い楯をもっているのだから左手すら疲れてくる。息遣いが荒くなってくるのを感じながら、右利きとの戦いに慣れた敵はこれを待っているのだと納得していた。そのとき私はあるひらめきが頭をかすめ、すかさずそれをやってみる気になった。こうなったら捨て身になって、自分の楯を捨てるしかないと思ったのである。

もはや攻撃にも防戦にも剣しか使えないが、身のこなしは軽くなり、両手を用いれば剣の勢いもよくなる。私の一撃が楯に食い込むずっしりとした音も、一撃を払う剣と剣の衝撃音もひときわすさまじさを増し、割れんばかりの観衆の大叫喚が響き渡るのだった。しかし、こうした展開は左利きの剣闘士には予想外のことではなかったらしい。攻守の調子が変わり、激しく攻撃しつづけることもあれば、もっぱら身を引いて防戦にまわるふりをしているようだった。

もともとこうした戦いに慣れていないのだから、私には焦燥感がつのるのはどうしようもなかった。私がこれまでになく思いきり一撃をくらわしたとき、トラキア闘士は楯で軽くいなしながら、私の剣を払うのではなく右腕を強く叩きつけたのである。右腕は布地の防具で守られているとはいえ、私の右腕はしびれるほどの打撃をこうむり、全力がこめられなくなっていた。このときとばかり敵は激しく攻撃を加える。私は剣を両手でもっているとはいえ、もはや左手で支えているようなものだった。

次々とたたみかける敵の攻撃は、剣を突き出す代わりに、私の剣を叩きつけてきた。そのせいで、右手の力を失っていた剣は私の両手からすべり落ちていった。

もはや万事休すと思ったとき、捨てたはずの大きな楯が目にとまった。私は全力疾走で楯をとりあげ、不敵に笑っているかのようなトラキア闘士を待った。こちらの楯は大きく重いのだから、両手を使えばもちこたえることもできなくはない。どこまでやれるか、やってみるよりほかにはないのだ。

敵は迫るなり一撃をくらわしたが、攻撃される心配がないためか軽くあしらっているようだった。その油断を感じたとき、私は身を捨てて自分の楯で相手の楯に思いっきり突進していった。意表をついた行動と大楯の衝撃のために、敵はよろよろと後ろに倒れてしまったのである。観衆は大喜びで喝采をあびせ、それは私を奮い立たせる気がした。しかし、私にはそれ以上の攻撃をしかける術がなかった。起ち上がった敵は、今度は力をこめて一撃をくらわし、私は楯を構えて右足で踏んばろうとした。だが、傷のために右膝が思うようには利いてくれなかったのだ。もはや右膝をついて防戦するのが精一杯だった。

私の弱点を見て再び敵は気をゆるめ軽い攻撃を加えて、私が疲れ果てるのを待っているかのようだった。私は最後の賭けに出るほかなかった。敵が一撃を加えてきたとき、それを受けとめるようにしてかわすと、渾身の力をこめてそのまま敵の楯に突進したのである。トラキア闘士は跳ね飛ばされるように倒れ込んでしまった。私はすかさず走り寄り敵の身体をめがけて自分の楯を叩きつけた。だが、それはほんのわずかに兜《かぶと》をはずれてしまった。

もはや剣も楯も失ってしまい、すぐに起ち上がった敵の前で、私は立ちすくんでいた。そのとき、審判が近づき、私にこれ以上戦う意志があるかどうかと尋ねるのだった。私は自分の運命を感じ、左手の指をかざして慈悲を請うほかになす術もなかった。

私はもはやわずかな唾すら残っていない口の乾きを感じながら、泥にまみれた唇を噛みしめていた。静まりかえっていた観客席から、親指を突き立てて、「生かせ、生かせ」の大合唱が起こるのを、ただ茫然と聞いていた。トラキア闘士は左手を高くかざして勝利を誇示したが、激しい怒りを抑えきれないようだった。まるで飢えた獰猛な野獣が血を滴らせて獲物を食い殺させてくれと言わんばかりだった。あいつが身体の隅々まで剣闘士になりきっていたのなら、あれは屈辱の勝利だったのだろう。あらゆる目が貴賓席の大立者に注がれると、彼は悠然として親指を上向きにかざした。私は助命されたという安堵感よりも、むしろおぞましいばかりの戦いの恐怖が心の深淵からこみあげてくる感じがしてならなかった。

退場する帰路のなかで、私のあとに戦うことになっている若いユヴェニスのことが気になっていた。控え室のかすかな隙間から試合の様子をうかがうこともできるが、疲労の極みにあった私にすでにその余裕はなかった。奥の休憩室にたどり着いたときには、ときどき沸きあがる激しい歓声が耳をかすめるものの、私はほとんど意識をなくしてしまった。

あとになって、相棒のユヴェニスが死んだこと、しかも試合中にあの網闘士の大男が手にした三叉の鉾で腹を突き殺されたことを知った。そのときの驚きがいかばかりのものであったか、あの不吉な予感がしてならなかったのは私の身に振りかかることではなかったのだ。まるで私の身代わりになってユヴェニスが命を犠牲にしてくれたかのように思え、これまで感じたことがないほどの悲しみの涙がこみあげてくるのだった。この世の目にふれるなにもが煙のような灰色ににじんでいた。

V

翌朝、早朝の訓練を終えてマッサージ師の手で香油を塗り、身体をほぐして疲労を除いてもらっているときだった。親方に呼び出され、その顔を見ると血相を変え鋭くなった眼光に睨みつけられるようだった。親方は心底怒り狂い「試合の途中で、楯を投げ捨てるとは何事か」と拳をあげんばかりだった。今にもぶん殴られそうな雲行きだったし、きっと新人のころなら何発かはくらっていたにちがいない。

養成所に入りたてのころは、ほんの些細なしくじりでも懲らしめられたものである。こっぴどく殴られ、情け容赦もなく鞭が飛んできた。身体中がずきずき痛み、死んだほうがましだと思ったことも少なくない。まがりなりにも一人前の剣闘士として闘技場の舞台に立てるようになるまで、あの悲惨な苦行の日々がつづいたのだ。今でこそ口で怒鳴られることはあっても、めったに殴られることはない。それがあの日ばかりはまるで私が新人だったころのように、親方は頭にきていたのだ。

「お前たちにはいくらの資金がかかっていると思っとるのだ。購買した金だけじゃあるまいし、食費も訓練も健康管理も医者代もなにもかもわしが負担しとるのだよ。お前だって今では古参者の部類に入るのだから、わしにとってはかなりの資産というわけだ。お前は自分の命が惜しいだろうが、わしは自分の財産が惜しいだけだよ。でも、この点じゃ、お前とわしの利害は一致しておるのだし、時が経てば経つほどお前には命を粗末にしてもらいたくはないものだよ」。

それだけ言うと、親方は機嫌をとりなおしたかのように、いささか穏やかな口調になった。

「お前の命が助かったのは、最初からあの左利きの野郎を相手に、観衆が同情していたことだ。そこは忘れんようにしておけ。たしかに、お前が最後にとった行動は機転がきいとったことは認めてやろう。しかし、たまたま近い所に楯がころがっておったし、民衆は教則本どおりに運ぶ試合には飽きているから、お前の捨て身の体当りには拍手喝采してくれただけだ。まあ、お前も観客を喜ばせるつもりでやったわけじゃないだろう。でも、生き残るにはまず勝つにこしたことはないが、民衆の気持ちをつかむこともいかに大事かよくわかっただろう。そこのところをよく肝に銘じて、わしの財産を無駄にせんようにしとくのだな。左利きの野郎が相手だろうが、聞いたことも見たこともない武器を使う奴と対戦することになろうが、どんな事態にでも心を乱さんように、これからも精進することだ。

なによりも民衆の歓声に血が躍ってたまらない剣闘士になることだな」。

そうまくしたてると、私の肩を叩いて、親方は急ぎ足で出ていった。

私が親方に出会ったのは、もちろん剣闘士として売買されたときだ。まわりには足枷《あしかせ》をされた雑多な汗臭い連中がおり、汚らしい荷馬車から降ろされると、そこは喧騒なだけの奴隷市場だった。私だって鎖に繋がれており、希望のかけらすらなくなにもかもが虚ろにしか見えないときだった。

奴隷商人の言葉は訛りが強すぎてほとんど解せなかったが、親方はイタリアの本土の出身者らしくわかりやすい言葉だった。狡猾《こうかつ》そうな下男を従えた親方は屈強な面構えをしながらも世の端々までも見据えたような白髭の男だった。ひときわ鋭い眼光を向けながら捕われ者たちの全身をなめるようにながめまわしていた。そのなかから三人を指差しながら、「合計で一万二千というところだな。それ以上は、びた一文も出さんからな」と言った。その三人のなかに、私がいたわけである。

親方は新参者にはとてつもなく厳しい人だった。剣闘士を貸し出して収入を得るのであるから、経費のなにもかもを差し引いて自分の収益にしなければならない。少しの無駄も許されないので、些細な失敗も言い逃れできないものになった。こっぴどくどやされ、殴られたり蹴られたり鞭打たれたり、もはや筆舌に尽くしがたい苦行を耐えなければならなかった。己が何者であるか、骨の髄まで染み込むほど知らされるのだ。生死を賭けて戦う剣闘士よりほかの何者にもなりえない隷従者の悲哀をなめさせ、全身の肌で反応するまでになるしかないのである。憐憫《れんびん》の情などわずかにすら感じない殺人犯になるべく鍛えられるのが剣闘士養成所であるなら、親方はそれを取り仕切っている男だった。魂の処刑者ともよべる張本人であり、その浅ましさのあまり、極悪非道の銭の亡者と目に映ったのは私ばかりではあるまい。

艱難《かんなん》辛苦の修業を終えると、まがりなりにも剣闘士として出番を待つことになる。数回の実戦を経験するころには、さすがに殴られたり蹴られたりすることは滅多になくなった。むきだしの反抗でもしないかぎり、鞭打ちの懲罰もあるわけではない。親方の目付も、新人のときに向けられたまなざしとは異なるものになった。どこかに穏やかさがあり、口調にも和やかさが感じられることもある。奴隷を見る目は冷徹で厳しい男にちがいないが、ときには気を許しているような素振りをすることさえある。とくに試合に勝ったあとには、「なにかほしいものはないか」と尋ねることもある。もっとも、親方にすれば、永らく勝ち残っている古参の者は、多額の銭を稼いでくれるわけだし、美形ならずともそれなりに高価で売れるはずなのだ。卑しい身分でも金を紡ぎだす資源であればそうそう粗末にはできないのだろう。だから古参者のなかには妻帯して集団生活をまぬがれる者さえいるのだ。

親方の商売がどれほど儲かるものか、私にはわからないし、知りたくもない。カプアに本拠を構えているが、しばしばあちらこちら町の広場を渡り歩くこともある。剣闘士の一団は親方の指図のままに、方々をさまようことになる。どこにいたって生き永らえる以外にあてもなく、どうせ晒し者になるなら、見知らぬ土地であれば気がまぎれるだけましだろう。

古参になれば新人ほどには無謀にあつかわれないにしても、どうせ親方は商売人であるし、商売上手な者ほど商品をやたらと粗末にはしないということだろう。といっても、剣闘士として拘束され惨めたらしい生活を強いられることにそれほどの変わりはない。だから、私も仲間も親方には見せかけの従順を装っているにすぎないのだ。

かつて平凡な奴隷であったころは、私もそうだが家内のほかの連中も、主人への忠誠の念はかなり強かったように思える。その代わり、ここにいるほど連中が仲間意識をいだいていたかどうかは疑わしい。私にはそれほど互いに情を寄せ合ってはいなかったような気がするのだ。それに比べれば、上の者への従順さこそ上っ面のものだが、剣闘士仲間の結びつきはかなりのものである気がしてならない。

悲惨な運命を背負い苛酷な生活を強いられているばかりか、もしかしたら明日にでもお互いに向き合って殺し合わなければならないのだ。それなのに、なにかと互いに気づかい、敵になるはずの人間をいたわる気になるのは不思議な気がしてならない。もちろん、亡くなったユヴェニスのように同室の相棒として格別の情をかけ合う仲もある。しかし、それ以外の連中だって、心底憎たらしい奴などそうそういるものではない。口汚く罵《ののし》る奴も無礼な奴も酒癖の悪い奴も盗み癖のある奴もいるにはいるが、そんな奴らはここでなくてもどこにだっている。ほとほと愛想をつかすなら無関心でいればいいし、自分たちの儚《はかな》い運命を思いやれば、すさむ気持ちも互いにわかり合えるというものなのだろうか。

若いカリストゥスの喉を切ったのは私だが、彼には追撃闘士のテオナスが自腹をはたいて墓を建ててやったという。テオナスはカリストゥスとは兄弟の契りで結ばれていたらしいが、あの死があったからといって、テオナスは私に憎悪の念をむき出しにすることはついぞなかった。そればかりではなく、カリストゥスを殺すはめになった私に互いに剣闘士としての惨めたらしい宿命を共感しているようなところすらある。すれ違い様にときおり同情のまなざしを向けることもあるのだ。同じ養成所に拘束され、そこで寝泊まりしながら、厳しい訓練に耐えかねているのは皆同じだ。そんな境遇が誰に強いられるわけでもない同胞意識をはぐくむのだろうか。

VI

夏もたけなわのころカンパニア地方が大災害に襲われ、そのためにしばらく見世物も延期になっていた。もしかしたら、今年はもう興行はないかもしれないという噂もあった。ところが、収穫期も終りを迎え祭りが近くなると、逗留しているプテオリで興行があるという話が伝わってきた。ある朝、親方に呼び出され、「興行主の御大と話し合ってみなければならないが、わしはお前を網闘士と戦わせるつもりだ。そう進言しておくから、そのつもりでせいぜい練習しておけ」と忠告された。

私は、これまで一回だけ網闘士と戦ったことがあり、引分けだった。苦手というほどではないが、やりやすいというわけでもない。その後の数日、網闘士のアッタルスを相手に激しい練習をかさね、剣と楯の使い方を工夫してみた。アッタルスは一〇勝をあげており、この養成部隊では網をすばやく使うことでは一番だったし、三叉《みつまた》の鉾《ほこ》の使い方も巧みだった。

今度の興行も大きなものらしく、他の養成部隊の剣闘士と対戦することになる。敵の姿が見えないのは不気味だが、同じ養成部隊の仲間とやるより気合がこもるのはいなめない。かりにアッタルスが相手だったら、お互いに手の内がわかっているから、戦いやすくもあり戦いにくくもあるのだ。

興行は三日間あり、私の出番は最終日だったので、まだ五日は残っていた。試合の取組が決まり、私の対戦相手がなんと相棒のユヴェニスを殺した網闘士の大男であることが知らされた。あいつの名はティグリス、力強くて勇猛な感じを与える名だった。私より頭一つは抜けているから、どこにあっても目立つ大男なのだ。当たり前のことかもしれないが、経験をかさねればかさねるほど、相手も強くなる。自分の技量が上がっても、対戦相手の力も増すのだから、いつも気を抜くことなどできないのだ。

今となっては、そんなことなど私にはどうでもよかった。わが友ユヴェニスを殺した奴が相手なら、恐怖心よりも復讐の念が勝ってくるのがまざまざと感じられるのだった。これまでの対戦なら、いかにして自分の命を落とさないようにするか、ということに意を用いていたような気がする。だが、今では、自分の身を防ぐことよりも、どうやって相手を殺してやるかの一念が心をとらえてしまうのだった。

最後の晩餐《ばんさん》のおりに、ティグリスに会ったとき、あいつは私を淡々と無視しているかのようだった。私が復讐の憎悪の情炎に燃えていることなどまったく知らなかったにちがいない。たとえ知っていたにしても、あの男ならまるで意に介さなかったにちがいない。人間らしい魂などどこにも感じさせない図太い神経がふてぶてしく、私のなかに、これまで誰にもいだいたことのない憎悪と敵愾心《てきがいしん》がことさら心に煮えたぎってくるのだった。

今宵こそがこの世の最後の夜になるかもしれないというのに、不安も恐怖心も何も感じることがなかった。生まれてこのかた父母も兄弟も知らないままに暮らしてきたから、儚《はかな》い縁にしろちぎれることのなかったユヴェニスへの友愛の情は私にはかけがえのない思い出になっていたのかもしれない。戦いの前になると「負けるわけがないさ」と励ましてくれた笑顔が今でも心に焼きついている。その縁を絶ち切られたのだから、復讐の機会を与えられたことだけで、このうえなく満たされていた。私は今までに感じたことがないほど安らかな気分で眠りについた。

朝、目を覚まして外に出ると、小雨が途絶えそうになって虹がかかっていた。夕日のころの虹はときどき目にするが朝方の虹は珍しい。この虹が吉兆であることを私は神々に祈願するのだった。

馬車を降り闘技場のゲートをくぐって、騒然とした観衆のなかを巡回しているあいだ、私はなんとしても出来の良い武器を手に入れなければという思いでいっぱいだった。ひときわ尖った堅固そうな剣が目にとまったときには、救われた思いでそれを自分用に選んでおいた。武具の検査を受けているあいだ、はずんだ気分を隠すかのように黙々と準備運動に励んだ。

籤《くじ》で順番が決まり、私の出番は二試合目だった。舞台の片隅で待っているよりも、裏の控え室にいるのが場内の騒々しさを気にしないですむ。ティグリスはこれまでにない強敵にちがいないが、今は自分の早まる気持ちを抑えることが肝要なのだ。静かに目を閉じていると、何の想念も頭をかすめず、ただただ穏やかな時間が過ぎ去っていった。

観衆の声援から前の試合が終了したことがわかると、私は兜《かぶと》をかぶり剣と楯を手にして舞台の片隅に出た。観客席は上のほうまでぎっしりと人が詰まり、観衆の熱狂した雰囲気でむせかえっているのが肌身に伝わってくる。心は静穏であったが、私は民衆の熱気にこれまでにないほど心地好さを感じながら、それに身を任せきっていた。

剣闘士の名前が告げられると、歓声はことさら高まった。私は舞台の中央に歩きながら、向こう側から近づいてくるティグリスを見ると、大男の姿がひときわ目立ってくる。肩から胸にかけて隆々と盛り上がった筋肉は、さながら戦車競走場を駆けめぐる馬を思わせるほどに褐色に輝いていた。その威圧しかねない巨漢ぶりでも私には打倒し殺すべき悪漢にしか見えなかった。

興行主への型どおりの誓約の挨拶をすますと、審判がやってきて試合が始まった。網闘士は身体に防具をほとんど着けていないので、ふてぶてしい顔付もいかにも逞しい筋肉もいやでも目に焼きつく。近づけるならこの剣で突き刺すこともできるが、敵は防具を着けていないだけ身軽に動けるし、武器である三叉の鉾の柄は長いのでことさら注意しなければならない。

敵は私を軸にして旋回するかのように小走りになった。網を唸らせるように回転させながら、それを投げる機会をうかがっているのだ。私もそれに合わせて楯をかざして身体を動かすのだが、ときおり太陽の光が網闘士の後ろにくると敵の動きがはっきりしなくなる。おそらく敵はその瞬間を狙っているにちがいないのだ。敵が小走りの周回を幾度かくりかえしたとき、私は今度こそくると狙いを定めていた。太陽が大男の後ろにまわった瞬間、私は右方に急に走り出し、楯もかざさず敵を見た。網は投げられ上空いっぱいに広がっていたが、そこにはもはや捕らえるべき獲物はいなかった。網は砂場に落ちて散らばっていたが、敵は三叉の鉾で牽制《けんせい》しながらすぐに拾い集めていた。どうやら最初の投網については私の読みが適中したらしい。

楽奏が奇妙に高まっているのは試合を急《せ》かしているのだろうか。それにしても同じ手を何度も使えるものかどうか。といっても身軽に動ける網闘士のほうが試合の動向を握っているのだ。私はひとつの場所にとどまっているのは狙われやすく危険だと悟ったので、絶えず前後左右に動きながら敵の攻撃を待っていた。しかし、次の敵の動きは早く、私が敵の狙いを読む時間を与えなかった。一度だけ周回しただけで太陽が敵の背中にくるやいなや網を大きく広げたのである。それは私の楯の上部にからまったが、全部がひっかかったわけではなく、剣を使えば絡みを解くのは容易だった。

私は楯で網を押さえつけ、敵が近づいてくるのを待っていた。右手に網をもたない敵は両手で三叉の鉾を操ることができる。その衝撃は物凄いものがあり、ましてあれほどの大男の一撃をまともに楯でかわせるものか。しかし、敵を殺すためには私は待つしかないのだった。激しく動くせいか、ティグリスの顔にはもう汗が滴っていた。三叉の鉾を突き出し、血相を変えて突進してきたが、私はただひとつのことだけに意識を集中させていた。ティグリスの一撃を楯で受けとめるふりをしながら私の左方にかわしてしまうことだった。

私の狙いは図星だった。大力に任せて鉾を突き出してきたので、その鉾先が楯をかすめるやいなやという、その瞬間に楯の左側を鋭く引いたのである。鉾先は音を立てて楯を流れていったが、そのとき私は敵の左方に進み、自分の剣が届くところに踏み込んだ。目の下にはティグリスの左足の太股《ふともも》があり、私はそこを思いっきり突き刺したのである。いささか逸れた感じがしたが、確かな手応えがあった。ティグリスは悲痛な表情を隠しきれなかったし、なによりも私の剣は血に染まっているではないか。

ティグリスは網を拾ったが、もはや激しく動きながら、好機を狙う余裕はなかった。太股からは血が流れ落ち、左足の全部が血に染まっているようだった。網はすぐに上空を舞い、私はすばやくその場を逃れた。もはやティグリスは再び網を拾い上げる気はなかったらしい。両手にもった三叉の鉾を次から次へと突き出してくるのであった。これは決して剣で受けとめてはならず、三叉のあいだに剣がからまればティグリスなら人一倍の大力で剣がひねり出されてしまいかねないのだ。

ティグリスは痛みをこらえながら渾身の力をこめて攻撃してきた。楯の上からも下からも右からも左からも、一瞬の隙も与えず攻撃しつづけた。それを重い楯でかわす私がまるで疲れきってしまうのを待っているかのように。じっさい楯をかざす左手はもはや限界にきていた。上方を突いてきた鉾を防ぐ楯の上げ方が少し足らなかったせいか、楯の上端をかすめた鉾が私の左肩をかすめ血が滴ってきた。

剣闘士の双方が血を流す場面がそうするのか、場内は騒然と殺気立ち大声援が巻き起こっていた。でも、私の傷は場所こそ目立つとはいえそれほど深くはなかった。自分の流血にかきたてられたかのように、防戦一方だった私は楯を軽くかざすだけにして敵に自分の姿をさらして挑発するのだった。とはいえ、かなりの深手を負ったはずのティグリスは間髪を入れず激しく攻撃しつづけたせいか、そのころにはもはや痛みに耐えかねているようだった。

やがて、悲痛に染まった顔をゆがめながら、ティグリスは満身の力をこめて突撃してきた。三叉の鉾が激しく突き出され、そのたびに私は後退《あとずさ》りせざるをえなかった。闘技場の壁際まで追い込まれ、もう一退りすれば壁にさえぎられてしまうのである。ティグリスはそれを見込んでいったん身を引くと足早に突撃してきた。このときばかりは最後までもった楯をそのまま手から離し、私は捨て身になって左方へ大きく逸らしたのである。楯の的を失ったティグリスの鉾は壁に突き刺さって激突し、その柄が折れてしまった。

こうなると、双方とも剣しか残っていない。身の丈で頭一つはまさるティグリスが相手でも、剣だけなら勝負はこれからだ。もはや私はティグリスの動きを待っている気などなかった。ひたすら一撃に一撃をくらわせ一気に攻勢に出た。深手を負い渾身の力を出しつくしていたティグリスはもはや反撃する余力すら残っていなかった。私の一突きを剣で叩きかわそうとしたときに、汗と血にまみれた手から剣までがすべり落ちていった。私は復讐の念に燃えてとどめの一撃を突き出そうとしたが、審判に制止されたのである。苦痛にまみれたティグリスのふてぶてしい顔にも屈辱の涙とも汗ともつかないものが流れていた。

勝負の決着はついたのだ。私が勝者だ。ユヴェニスの復讐を果たしたのだ。いや、まだティグリスは生きているのだから、なんとしても殺さなければならない。私は剣を高々とあげ、自分の勝利を誇示した。民衆は網闘士の死の場面を好むことを知っていたから、できるかぎり勝者の勇姿をあざやかに演じるべきなのだ。だが、称賛の大歓声とともに、親指を立てながら「ティグリスを許せ、生かせ」の大合唱がくりかえされていた。どうやら観衆は深手を負いながらも死闘のかぎりを尽くした見世物に満足していたし、ティグリスの太股からどす黒い血が滴る場面で十分だったのだろう。静寂が訪れすべての目が艶やかにも荘重な装いをした御大に注がれると、その親指も厳かに突き立てられたのである。

私は、手にしていた剣をいったん儀礼的に高くかざす素振りをしながらも、思いっきり砂場に突き刺して自分の憤懣《ふんまん》をぶちまけるしかなかった。その姿が観衆の目には迫真きわまる勇猛な剣闘士として映ったのだろうか、ひときわ高い拍手と大歓声が闘技場に響き渡った。とはいえ、怨念を果たせなかった身であれば、勝利の棕櫚《しゅろ》と賞金をもらって砂場を一巡りしたときほど、高揚した楽奏の音色が虚ろに侘しく聞こえたことはなかった。

あの日の戦い以来、剣闘士としての私の評価は高くなってきたらしい。なにしろあの大男の網闘士との試合ではほとんどの民衆が私に賭けていなかったし引分けを予想する者すら少なかったらしいから、私もずいぶん見くびられていたものである。

私にしてみれば、勝負のなりゆきははじめから私のほうにあったような気がする。たしかに身体の見栄えはティグリスがはるかに優っていたし、経験も技量も私に優っていたかもしれない。でも、ただひとつの点であいつははるかに劣っていたのである。ティグリスはこれまでの戦いのように私をたんなる敵手として見ていたにすぎないが、私にとってティグリスは友のユヴェニスを殺した犯人であり、私は復讐の念に燃えて憎むべき敵手として目をこらしていたのである。はやる心を抑えなければならなくなるほど恐りが煮えたぎっていた。あのようなことを魂が充実していたというのかもしれない。

振り返ってみれば、剣闘士になって相手を殺してやりたいと思いながら立ち向かったのははじめてのことだった。日頃から、血に飢えた獰猛《どうもう》で冷酷無情な気分で戦えるならと思っていたのだから、まさにあの日の私は殺人鬼の化身となっていたのだ。私には自分の命を守ることよりも相手の命を奪うことがはるかに大事であった。ティグリスを殺すことだけに全身全霊を捧げていたから、その気迫たるや異常なほどであったのかもしれない。

すべての武器を失ったティグリスに剣を突き刺そうとしたことも、勝者の勇姿をことさら誇示したことも、助命の判定に不服だと叫ばんばかりに砂場に剣を突き立てたことも、観衆にしてみれば、まさに血を渇望する獰猛で冷酷な剣闘士に期待していたものであったのだ。私がそんな剣闘士になれればと願っていた姿をそのとき私は自然に演じていたにちがいない。

しかし、安逸ならずとも平穏な日々に戻り冷静になってみれば、再び同じような気分で戦うことができるとは思えない。人と人とが格闘するとき体力や技量の差も大きいが、気力の差はそれ以上の意味をもつのではないだろうか。まして生死を賭けた剣闘士の戦いであれば、気力の差こそが勝負のなりゆきを決める要になることが骨身にしみて感知できたのである。

経験と技量だけならこの養成所内で私も他人に劣ることはほとんどない域に達しているだろう。これから剣闘士として訓練すべき点があれば、なによりも気力の充実であり精根を培うことではないだろうか。対戦する相手は敵であることそのことだけで憎悪すべき虫けらなのだ。自分の生を貫き通すためにはそれをさえぎるものは生かしておく必要はないのだ。血に染まった冷酷無情な魂こそは、剣闘士に定められた者が神々の思し召しとして我が身に刻み込むことなのだ。


あの試合を最後にその年の興行は終了した。冬はカプアの養成所で訓練に明け暮れ、再び春が訪れた。今年は帝都ローマにふさわしい巨大な闘技場が完成するという。その奉献を記念してこれまでにないほどの規模で盛大な剣闘士の見世物が開催されるらしい。われわれの養成所の一団もその豪勢きわまる大興行に駆り出されることになっており、いつとはなく騒然とした空気が漂っている。

「訳者」のあとがき

手記はここで途絶えている。手記の作者である剣闘士ミヌキウスが生き永らえてこのあとを書いていたとしたら、おそらく次のような物語になっていたであろう。

ミヌキウスはローマに連れてこられ、そこで巨大な闘技場であるコロッセウム（コロッセオ）を目にしてその壮大さに驚嘆しただろう。五万人以上もの民衆を収容する巨大な観客席に囲まれた戦いの砂場は、「血に染まった冷酷無情な魂」を鍛え上げていこうとするミヌキウスにとって格好の舞台であった。彼はそこで数回を戦いながら、勝利をかさね、あるいは負けても助命を許された。その後はカプアに帰ったかもしれないが、その年（八〇年）あるいは翌年（八一年）には木剣保持者として剣闘士の拘束から解放されたであろう。やがて、剣闘士の指導にあたり、それを無事に務めたうえで象徴的な帽子を与えられて完全な自由身分になることになる。彼が剣闘士になってそこにいたるまでに少なくとも五年は経過していたはずであり、おそらく七年ほどは経っていたにちがいない。彼は剣闘士として大成したのであり、きわめて幸運な部類に属する人であったといえる。

前半だけが残ったのは、ローマに大移動するにあたって、それまで書き記した部分が邪魔になり、誰かにそれまで書いた部分を預けることにしたのだろう。不幸にして、後半部は残っていないが、その後も前半部と合体する機会がなかったにちがいない。

しかしながら、そもそも書かれなかった可能性もないではない。その手がかりとして、やはり「血に染まった冷酷無情な魂」を叩き上げることを志したことにある。ミヌキウスがそう決意した以上は、これまでのように自分を内省することが余計な心遣いに思えてきたのであり、書くことそのものを放棄したとも考えられるのである。ミヌキウスは養成所の親方について殺人犯を育成する魂の処刑者と咎めているが、みずからをも魂の処刑者となり己の心の機微に気遣うことを捨て去ってしまったのである。いわば心変わりしたミヌキウスには内省の手記などありえようもなく、その意味では「沈黙の終章」をもって手記はここで完結したと考えることもできる。

とはいえ、手記が書かれなかったとしたとき、もっとも可能性の高いのは、おそらくこの後、ミヌキウスが死んでしまったということだろう。彼はローマに連れてこられ、そこで開催された見世物のなかであえなく命を落としてしまったのである。ミヌキウスが「血に染まった冷酷無情な魂」を鍛え上げようとしても、なかなかできることではなかった。しかし、剣闘士としての評価を上げていた彼には、帝都ローマではかなりの強敵がいたにちがいない。復讐の念を再燃させるかのごとくに気力を充実させることに努めていたにしても、その願いも空しく、ついには命を絶たれてしまうのであった。おそらく一七戦目ほどで殺されたことになるだろう。

多数の剣闘士は戦いをくりかえすなかで命を奪われ、木剣保持者や帽子持ちとして大成することはなかった。それを思えば、ミヌキウスは剣闘士ならその多くの者が連なる運命をたどっているのであり、そこにこの「ある剣闘士の手記」が時代を超えて示唆するところがあるように思える。

この手記がここで途絶えている件をめぐって、史料を偏見なく考察すれば、完成されたばかりのコロッセウムはミヌキウスの死に場所であったと「訳者」は判断しておきたい。

第Ⅱ部　ローマ社会と剣闘士

第一章——

剣闘士競技という見世物

1　剣闘士競技の起源と変質

偉大なるコロッセウム

ローマ市街は起伏に富んでいる。丘あり谷ありのなかで、パラティヌス丘、カエリウス丘、オッピウス丘、ウェリウス丘が出会う場所も低地になっている。そこにはかつてはテヴェレ川に注ぐ水路が走っていた。だが、紀元六四年、ローマ市で大火災が起こり、それを機に、その周辺一帯が大規模に改変されることになった。ここにネロ帝は不遜なほど豪奢な黄金宮を建設させたのである。谷間の低地には人工の湖が設けられ、宮殿の庭池とされた。「庭池は海のようであり、その周囲を建物が取り囲み、まるで都市の外観を呈した」と史家スエトニウス〔史39〕は伝えている。宮殿の前庭には、ネロの巨大なブロンズ像（コロッソス）が立ち、この人工湖を見下ろしていた。

このような皇帝の放蕩きわまりない贅沢は、当然ながら、人々の不興をかうことになる。とりわけ元老院貴族たちの反感はつのり、皇帝暗殺の陰謀がみえかくれした。やがて属州の軍隊が反乱を起こすと、もはやネロの支持者すらも彼を見捨ててしまう。ネロは自害を余儀なくされ、六八年、三十歳の若さで命を落としたのである。

ネロの死後、一年余りの内乱がつづく。混乱を収拾して帝位に就いたのはウェスパシアヌスである。気取らない謹厳実直な皇帝であったが、首都の建築事業には財政支出を惜しまなかった。新しい王朝の基盤を確かなものにするためには、ことさら民衆に敬愛され支持されなければならないのである。あの広大な庭園の人工湖はネロ帝ひとりの楽しみの場であったが、そこから水を抜いて巨大な円形闘技場を建設するという計画が持ち上がる。首都の中心部に大円形闘技場を建造するのは、ほかならぬ初代皇帝アウグストゥスの計画でもあったという［史39］。それを知ったウェスパシアヌス帝は工事に着手する。

人工の湖が造営されていたのだから、そのために地表から七メートルの深さに掘り削られていた。凝灰岩の岩盤が露出し、少なくとも堅固な岩盤があるのがわかった。その土台の上に観客席の基盤がコンクリートによって造成され、それは地表近くまであった。その基盤上にそれぞれ環状八〇本の支柱が七重に並び立つ。それらは外側から内側に向かって支柱の太さが徐々に細くなり、合計五六〇本が築かれる。さらに、それぞれの支柱のあいだには弓形のアーチが配され、連続したアーチの環が形成された。これらのアーチの環はより内側の環と曲面天井の支持体によって結び合わされる。こうして同心楕円状の観客席の基本構造が構築された。外観の連続するアーチは三層に積み上げられ、その上の四層目には壁体が築かれた。こうしてできあがった外壁の高さは四八・五メートルにもおよぶものだった。

観客席には、第一段目に貴賓席が設けられ、第二段、第三段、第四段までが石造であり、第五段目の最上段観客席は木造であった。さらに、強い日差しを避けるために観客席を覆う天幕のドームが張りめぐらされるように考案された（一九一頁図42・図43参照）。

闘技のおこなわれる舞台であるアリーナは全面に木の床が張られ、その上に砂が撒《ま》かれていた。この床面の下には深さ約六メートルの地下構造があった（一四七頁図27参照）。猛獣や舞台装置を納める各種の部屋や通路が配備されていたのだ［文67］。

この円形闘技場がどれほど壮麗であるか、もはや比べようがないほどだった。ローマの民衆は首を長くして完成を待っていた。紀元八〇年、この豪華絢爛たる建造物がその全貌をあらわす。その前年に、ウェスパシアヌス帝は逝去しており、帝位にあるのは長子ティトゥスであった。荘重なる奉献式が挙行され、大がかりな見世物が催されたという。だが、この奉献式とそれを記念する見世物の詳細については、ほとんど明らかではない。

俗事に興味を示す史家スエトニウスならこの出来事を少年のころ見聞したかもしれない。模擬海戦と剣闘士興行が開催され、一日だけで数えきれない種類の野獣が五〇〇〇頭も出場したと伝えている。また、一三〇年後の史家ディオ・カッシウスによれば、初日には剣闘士興行と野獣狩り、二日目には曲芸や野獣操り、三日目には模擬海戦が催されたという。さらに、四世紀のヒエロニムスにいたっては、これらの見世物娯楽が一〇〇日もつづいたことを示唆している。

図１　ローマ市街復元模型のなかのコロッセウム（ローマ文明博物館蔵）

図２　コロッセウム（コロッセオ）の遺跡

この巨大な円形闘技場は創建者たるフラウィウス家の父子皇帝を記念している。古代にはフラウィウス円形闘技場とよばれた。しかし、近くにネロ帝の巨像《コロッソス》があったと伝えられていたことから、中世以降、コロッセウム（コロッセオ）と通称されるようになった。その建物の壮麗さはどれほどだったのか、その偉容に思いをめぐらすとき、同時代の諷刺詩人マルティアリスの言葉は胸に迫る。

もはや、野蛮なメンフィスにピラミッドの驚異を語らせることはないし、アッシリア人の偉業にバビロンを自慢させることもないし、しなやかなイオニア人が細微にあふれる神殿のゆえに激賞されることもないし、多数の山羊の角でつくられた祭壇にデロス島の自慢話をさせることもないし、カリア人に中空に浮かぶ霊廟をあきれるほどの讃美をもって誉めそやさせることもないのだ。これらすべての労苦が皇帝陛下の円形闘技場に頭を垂れる。あらゆるものに代わってひとつの仕事だけが世評をさらうのである。［史20］

首都ローマの街にコロッセウムがそそり立つ様はこの世に知られる建造物のいかなる壮麗さもおよばない、と詩人は語る。ローマの人々は世界七不思議の壮麗さに劣等感をいだいていたのかもしれない。だが、もはやローマはその豪華絢爛さにおいていかなる土地にも勝るのであり、へりくだるべき国を知らないというのだ。

これほど詩人に自負の念をいだかせるものだった。その偉容を考えるにつけ、その舞台で演じられた見世物がどれほどのものであったか、誰でも好奇心がつのる。さまざまな見世物娯楽が提供されたというが、なかでも人々の心を躍らせたのが人と人とが武器をもって闘う競技であった。闘う者はもちろん剣（gladius）をたずさえていることから、剣闘士（gladiator）とよばれるのであった。

剣闘士の起源

剣闘士の起源をめぐる問題は、おおまかにいって、二つの説に集約される。ひとつはエトルリア人に由来すると考える見解であり、もうひとつはカンパニア地方に起源する慣習とみなす説である。いずれにしろ、ローマ人以前におこなわれていたことは間違いがない。

エトルリア起源説は、すでに古代の作家にまでさかのぼることができる。ダマスクスのニコラウスとよばれる人はアウグストゥス帝の顧問を勤めたこともあった。彼の語ったところでは、ローマ人は剣闘士競技の慣習をエトルリア人から受け継いでいるという［史2］。もっとも、これは継承の経路を語るだけでエトルリア人が剣闘士競技の創始者であると明言しているわけではない。また、三世紀のキリスト教の護教作家テルトゥリアヌスは父祖の葬儀と剣闘士競技の結びつきが深いことを指摘している［史44］。そこからエトルリア人の葬儀の図像にしばしば描かれる死霊の供養との関連も想像される。さらに、七世紀のイシドルスによれば、剣闘士の売買にたずさわるラニスタはエトルリア系の言葉であり、それは死刑執行人を示唆するという［史14］。

このような事例を根拠にすれば、エトルリア人が剣闘士競技の慣習を始めたといわれるのも無理ではない。じっさい前六世紀後半のタルクィニアの壁画には、それらしい情景がある。けばけばしい外衣と円錐形の帽子を身にまとい仮面を付けた男が、犬をけしかけて、腰布だけで目隠し同然の覆面をかぶせられた男を攻撃させている場面が描かれている（図3）。覆面男は棍棒をやみくもに振りまわして犬に立ち向かうしかない。そこで、これを剣闘士競技の前座として催された野獣狩り《ウェナティオ》の走りととらえる見解も出てくる［文58・62］。

しかし、このような見方は想像力に拠りすぎていないだろうか。たしかに、剣闘士競技は帝政期になって洗練されており、この時代の見世物興行の情景が想像力を刺激しているようにみえる。だが、もともと剣闘士競技と葬儀との関係は深いのであり、その伝承は広く認められている。そうであれば、犬に噛まれた者の血で死者の魂があがなわれるとはあまりにも短絡した推察にすぎないのではないだろうか。さらに、この種の図像は前六〜前五世紀の墓の壁画に多く、少なくとも一七例はあるという［文62］。そのわりに剣闘士どうしが戦う場面がまったくないのは不自然としか思えない。むしろ逆に、野獣との格闘しか描かれていないことのほうが特徴的である。そこから、そのころ剣闘士競技そのものがエトルリア人には知られていなかったことが推察されるのではないだろうか。

そもそも剣闘士競技の起源をたどることにどれほどの意味があるのだろうか。その点には深入りしないことにして、あくまでも起源の問題にこだわってみよう。そうすれば、エトルリアよりもイタリア南部にそれを示唆するものが少なくないことに気づくはずである。というのも、ギリシア人の植民都市パエストゥムの壁画に最初の事例らしきものが認められるのである（図4）。もっとも、それだからといってギリシア人の慣行であったわけではない。むしろ周辺地域の慣行が題材としてこれらの壁画に取り入れられたにすぎないのである。

図3　覆面男と犬の戦い（タルクィニアの墓の壁画）

図4　前4世紀の剣闘士（パエストゥムの墓の壁画）

印欧語系の古イタリア人のなかでもオスキ人やサムニウム人は遅れて半島に移住してきた。彼らの影響はすでに前五世紀前半にはパエストゥムの墓の壁画に痕跡を残している。といっても、葬礼のための競技を描いた壁画の墓なら前五世紀にさかのぼれるものはない。いくらか時代をくだり、そこに供養の儀式を読み取れるとすれば、おそらく前四世紀の初めころに描かれた壁画である。そこに必死で戦う剣闘士らしき姿を見ることができる。

ほかにも、すでに前一世紀にはカンパニア地方でことのほか剣闘士興行が盛んであったこと（スパルタクスの反乱がカプアの剣闘士養成所から始まったことを想起してもらいたい）、カプアやポンペイにみられるように円形闘技場の建設も他地域に先立っていたこと、あるいは剣闘士の武装のかたちもサムニウム闘士が最古であることなどをあげてもいいだろう。もちろん、これらの事例はあくまでもカンパニア起源説を傍証するものでしかない。しかしながら、このような地域的特徴がエトルリア地方ではまったくみられないのだ。それらを考慮すれば、少なくともローマの北部よりも南部に剣闘士競技の起源を求める議論に耳を傾けたくなる。そう考えるのがより理にかなっているのではないだろうか。そこで、剣闘士の起源をめぐる問題については、おそらくイタリア南部に由来するものとしておきたい。

ローマ人の記録から

このような剣闘士競技がローマ人の伝承のなかで記録されたのはいつのことだろうか。前三一〇年、サムニウム人との戦いに勝利したローマ人は、同盟軍のカンパニア人とともに戦勝記念の宴を設けている。その情景を歴史家リウィウスは次のように語っている。

ローマ人は神の誉れのために敵の武器を使うことになる。というのも、カンパニア人は傲慢《ごうまん》さと敵への憎悪のために、宴会での見世物になるように、サムニウム人をその武具で武装させて、その名の剣闘士として戦わせたのである。［史16 IX 40, 17］

ここでリウィウスは宴会の見世物としての剣闘士競技を描いている。しかし、その筆致には後世の人間の目でながめる一種の修辞法が用いられている。享楽三昧で名高いカプア人（カンパニア人）の愚劣さはどれほど耐えがたいものであるか、それが強調されている。そうすることによって、リウィウスはローマ人の誠実さを際立たせたかったのである。というのも、ローマ人は本来「神の誉れのために」剣闘士の戦いを開催しようとしていたのであり、その思いは抑えがたいのだった。

この出来事に先立って、すでにカンパニア人やサムニウム人のあいだでは、葬儀のなかで二人の戦士が対決する場面があった。パエストゥムの墓の壁画にもあるように、戦士が対決するかのような情景が前四世紀に作成された壺や甕《かめ》のいくつかに描かれているからである［文62］。このような事例を考慮すれば、イタリア南部でも古くは葬儀の場面と関わり深いことが想像できる。前三一〇年の饗宴のなかの剣闘士競技を描くリウィウスの筆にはなにか刺々しい思いがこめられている。そもそも供儀であったはずのものが世俗化して堕落してしまったのであり、その姿を暗に非難しているのだ。おそらくカンパニアを中心とするイタリア南部では、とくに戦死者の葬儀の場合に墓の前で剣闘士競技を催す慣行が広くみられたにちがいない。

このような慣行は、おそらく早くから南イタリアに勢力を伸ばしていたエトルリアも採り入れたのではないだろうか。古代の作家は口をそろえるかのようにローマ人は剣闘士競技をエトルリア人から受け継いだと語っている。もっともそれらの作家とはギリシア文化圏にある知識人であった。ローマ人の著作家には剣闘士の起源の問題などほとんど関心のない問題であったのかもしれない［文41］。そうであるにしても、ギリシア人の作家がエトルリアからの伝来説を唱えているのは興味深い。その背景に考えられるのは、いち早くエトルリア人が剣闘士競技をおこなっていたという伝聞がすでに流布していたのか、あるいは、ローマ人が先進文化エトルリアから多くの慣習を受容していたことからする類推であったのか、そのいずれかであろう。

前述した戦勝記念の宴の場面では、ローマ人も剣闘士競技の慣行を採り入れるようになったかのように描かれている。だが、よく読めば、後代と比較したときの作家の印象が述べられているにすぎない。史実としての初出はさらに半世紀ほど後代になってからの出来事であった。

古代の伝承のなかでローマにおける最古の剣闘士競技について語るのは、やはりリウィウスである。その由来にこそふれていないが、建国以来の通史を語る歴史家は次のように述べている。

デキムス・ユニウス・ブルトゥスは、故人となった父親の栄誉のために、最初に剣闘士の追悼競技を開催した。［史16 Epit. XVI］

この要約の記述には、ティベリウス帝時代のウァレリウス・マクシムスの証言もあり、それが前二六四年であることは統領《コンスル》二人の名があげられていることからすぐにわかる。
ローマにおける最初の剣闘士の追悼競技は、牛の広場で、アッピウス・クラウディウスとクイントゥス・フルウィウスが統領《コンスル》のときに、挙行された。ブルトゥス・ペラの息子たちであるマルクスとデキムスが、葬儀において、父の思い出として遺灰を敬うためであった。[史47]
同様に、最初の闘技が父親の墓前で催されたことを伝えるのは、後世の四世紀の作家にもいる。このようにして、最古の事例はいくつかの典拠をもっているが、それらのあいだにくいちがいはない。それにつづく時代についても、リウィウス［史16］はおりにふれて剣闘士競技の開催について語っている。

前二一六年の出来事
統領《コンスル》にして鳥占官であったマルクス・アエミリウス・レピドゥスのために、三人の息子ルキウス、マルクス、クイントゥスは、三日間にわたって、葬儀の遊戯として二二組の剣闘士競技を広場で開催した。［XXIII 30, 15］

前二〇〇年の出来事
この年、四日間にわたって、マルクス・ウァレリウス・ラエウィヌスの死去のために、彼の息子であるプブリウスとマルクスによって葬儀の遊戯が果たされ、剣闘士の追悼闘技が提供され、二五組が戦った。［XXXI 50, 4］

前一八三年の出来事

故プブリウス・リキニウスのために犠牲が供され、一二〇人の剣闘士が戦い、三日間にわたって葬儀の遊戯が果たされたのであり、遊戯のあとで宴が設けられた。［XXXIX 46, 2-3］

前一七四年の出来事

この年、剣闘士競技の追悼会が数回開催されたが、そのいくつかは規模が小さかった。しかし、そのなかのひとつはとりわけ注目に値するものであり、ティトゥス・フラミニウスが父親の死を記念して催したものであった。そのとき、肉と宴が振る舞われ、演劇が上演された。この追悼会そのものは四日間つづいた。見世物の山場はこの当時としては大がかりであり、三日間にわたって七四人の剣闘士が戦ったのである。［XLI 28, 11］

もちろん、現存するリウィウスの記述のみがすべてではない。リウィウスの史料そのものが失われた部分も少なくないのである。そのことを考慮すれば、前二世紀前半までの剣闘士競技の開催はじっさいにはこれらの数をはるかに上回っていたにちがいない。リウィウス自身、前一世紀半ばの出来事を語るときに、さかのぼって前一九二年の剣闘士競技に言及している。また、前二世紀のギリシア人の歴史家ポリュビオスは、前一六〇年、パウルス・アエミリウスの息子たちが亡父を讃えて剣闘士による追悼会を開催したことを記している［史30］。

これら一連の剣闘士競技をながめれば、ほとんどが父祖の葬儀や供養のなかで挙行されている。たしかに、いくつかの例外があるが、それらは見世物として非難されている（前三一〇年、前二〇六年、前一九二年の競技）。その事実そのものが葬儀のなかで挙行されることを正常な慣行とみなす雰囲気がだろうか。

強かったことを示唆している。なぜ、故人の霊前で流血の闘いをくりひろげることが良しとされたの

未開社会において葬儀にともなう人身犠牲には、二つの型がある。ひとつは族長格の人物が死去したときに、その近親者や取巻きが自害するか、あるいは殺害されるものである。あの世においても故人に寄り添い仕えることが期待されていたのであろう。古代社会ではいたるところで知られており、地中海世界にかぎっても、たとえばミュケナイ社会では挙行されていた形跡がある。もうひとつは、戦死者の墓前で捕虜を犠牲にさらすものである。たとえば、『イリアス』［史12］のなかで、アキレウスの友パトロクロスの葬儀の際に、トロイア人の捕虜が生贄《いけにえ》にされているのは名高い（図5）。おそらくエトルリア人もこれを敢行していたことは、壁画の図像などからも推測される。

では、なぜこのような流血の犠牲が供養としての意味をもつと考えられたのであろうか。まずは、あくまでも墓の近くでなければならなかったことが注目される。そこでは死者の魂が残存しており、血を流すことがなんらかの役割を果たすとみなされていただろう。参列する者たちは死後の世界の存在をまがりなりにも信じており、その確信が表明されているのである。しかしながら、肉体を離脱した魂の残存は仮の束の間であり、そのために魂には滋養が必要であり、人間の血はその最高の養分であると古代人は考えていたらしい［文7・19］。この点については、現代人には理解しがたいところがある。しかし、このような魂の生理的な必要を満たすとともに、そこには心理的な願望もひそんでいたにちがいない。捕虜を生贄にすることは死者に道義的な満足感を与えるのであり、殺害者への復讐

図5　壺に描かれたトロイア戦争の三場面　中段に生贄にされるトロイア人捕虜が描かれている。

ろである。

の念を果たしたとみなしていたことが考えられる。そういう面ならば、現代人にも理解しやすいところである。

剣闘士競技の世俗化

これまで、前二世紀半ばまでの剣闘士競技が開催された事例をながめてきた。そこで明らかなのは、葬儀慣行の一環として励行されていたことだ。だが、葬儀と結びつく古来の慣行がいつまでも名残をとどめたわけではない。もともと剣闘士競技は戦没者の葬儀のなかで開催されるべきものだった。その剣闘士競技が古来の意味を失っていくとすれば、その途上には二つの出来事があったのではないだろうか。ひとつは、戦没者にかぎらず故人となった父祖に奉るようになったことであり、もうひとつは、一回だけの葬儀にかぎらず故人を何度も供養するようになったことである。戦争からも切り離され、葬儀からも区別されて、ただ死者を供養するというだけになる。そうすれば、血の滋養という生理的意味も復讐の実現という心理的意味も失われてしまう。もはや宗教的な香りは希薄になり、剣闘士競技は遊興娯楽として世俗化への道をたどるしかなかった。

すでにリウィウスは暗に非難しているではないか。前三一〇年には剣闘士競技は宴会の余興として登場しているのだ。もっとも、このときは、サムニウム人との戦争が終結したときである。そこで語られるのは、ローマ人の同盟者であるカプア人が戦死者の葬儀の添物として挙行したというのだ。しかし、カプア人はローマ人に先立って早くから剣闘士競技を葬儀慣行としていたのだから、もはや世俗化しつつあったことも想定される。おそらく、イタリア南部の人々には、すでに剣闘士競技を供養のなかの見世物として楽しむ風潮があったにちがいない。後世の筆とはいえリウィウスの記述はそのあたりの雰囲気を伝えてくれるのではないだろうか。

ローマ人自身が剣闘士競技を本来の意味から逸脱して開催した事例もある。その最古のものはいつだろうか。現存する史料のかぎりでは、前二〇六年が初出である。再びリウィウスに登場してもらおう。

剣闘士の見世物はこの種の軍団兵士に由来するのではなく、ラニスタによって購入されることになっている者たちに由来する。彼らは市場に立つ奴隷であり、また血を売る自由人であった。これらの自由人はすべてがみずから進んで無償で戦士の務めを果たしたのである。［史16 XXVIII 21, 2-3］

アウグストゥス帝時代の歴史家リウィウスにすれば、およそ二〇〇年前の出来事を記していることになる。それにしても、このような往古を語る場合には陥りがちなのだが、時代錯誤もはなはだしい記述が出てくる。前三世紀末の時点で、剣闘士競技の興行師《ラニスタ》が登場するのはいかがなものか。しかも、この興行師から剣闘士を手に入れるときには、奴隷の購買・調教と自由人の契約が常であると述べているのだ。専業化した剣闘士の獲得なら前一世紀末にはありふれた方法であった。だが、それを二〇〇年前までさかのぼらせているのはいただけない。無神経というよりも、およそ時代考証の観念など希薄な時代であったというべきであろう。

それはそれとしても、前二世紀には、すでに専業化した剣闘士が登場していた。再びリウィウスに耳を傾けてみよう。前一九二年のことだが、ある元老院議員が「剣闘士の見世物」を提供している。もっともこの記事そのものは前一世紀半ばの出来事をあつかう場面に添えられている。そこで昔の出来事としてふれられているにすぎない。とはいえ、リウィウス自身の記憶のおよばないかなり以前のことである。その往古から剣闘士競技が見世物として大衆の人気を博していたのだろう。それはいつのころであったのか。

おそらくローマ人にとって剣闘士競技の意味の変質などはどうでもよかった。そんな疑問などおよそ念頭に浮かぶことなどなかっただろう。だから、彼らの口から直接その証言を聞くことなどできないのだ。そこで、これまでとりあげなかった前二世紀半ば以降の史料にまで目を向けてみよう。

正確な年代は確定できないが、前二世紀半ばに、ガイウス・テレンティウス・ルカヌスの事例がある〔史26 XXXV 52〕。彼は、祖父の葬儀の際に三日間にわたる三〇組の剣闘士競技を開催している。

前一三〇年ころには、メテッルス家の聖なる剣闘士競技会が開かれている。そのためにローマに出向いた者の記録がある。ほかの者たちのなかには剣闘士競技の日々にはローマの雑踏を避ける者もいたという〔史17〕。

前一二二年に開催された剣闘士競技では、改革派のガイウス・グラックスが貧しい観客たちに恩恵を施している。というのも、このころすでに有料の剣闘士競技があったので、その入場料を負担してやったのだろう〔史29〕。

前一一八年の少し前には、フラックス家による剣闘士競技の開催があった［史17］。

前一〇五年には、ローマにおける最初の公の剣闘士競技が催されている。これまでは私人が主催者であり、実施の費用を負担していたのだが、その年の統領《コンスル》プブリウス・ルティリウス・ルフスとガイウス・マンリウスの両者の名で挙行されたのである。これについて、十九世紀の学者たちの推測は心にくいところがある。軟弱なギリシア文化が流入しつつあったのに対抗して、兵士たちに剣闘技術を訓練する必要があったのではないかという［文23］。

前一〇一年にも、剣闘士競技が開催されたことを、プルタルコスが伝えている［史29「マリウス伝」］。

このようにして、前二世紀の後半については、前記の事例をあげることができた。それにしても、剣闘士競技はどのようにして世俗化したのだろうか。これら事例を参考にしながら、その形跡を探ることができるのだろうか。

まず注目されるのは、すでに前二世紀の前半の時期に、競技の規模が大きくなっていることだ。前一八三年には一二〇人の剣闘士が、前一七四年には三日間にわたって七四人の剣闘士が登場している。前二世紀半ばころのルカヌスの競技会では三日間に三〇組の剣闘士があらわれている。前一三〇年ころの競技会には、わざわざローマに出向く者がいたにもかかわらず、そのローマの雑踏を避ける者もいた。また、前一二二年の護民官ガイウス・グラックスにいたっては観戦を無料にしてやったという。この行為も特権貴族に対抗すべく貧民の支持を求める民衆政治家としては当然であっただろう。

こうしてみると、前二世紀の半ばまでには、規模からすれば剣闘士競技の世俗化がかなり顕著になっていたらしい。さらに、それを傍証するかのような格好な場面もある。前二世紀半ばに逝去した喜劇作家テレンティウスの「義母」〔史43〕は示唆的である。剣闘士競技の開催を聞き知るやいなや、観客たちは劇場を立ち去って競技会を見るために大混雑になったというのだ。

ほかにもテレンティウスはそれらしく語っている。「あいつらときたら、まるで剣闘士のように(gladiatorius)、捨て鉢になってこっちに向かってくるらしい」〔史43「ポルミオ」〕という隠喩表現を用いている。その背景にある世相が浮かび上がってくる。もはや剣闘士の必死な姿が広範な民衆の脳裏に印象深く刻まれていたのだ。そのころには、おそらく専業化した剣闘士がいたことは疑いようもない。剣闘士競技の世俗化とともに、剣闘士の仕事を専業とする者が軌を一にして出現したのである。というより、競技会の世俗化とは競技者の専業化にほかならなかったのである。

世俗化した剣闘士競技

われわれが剣闘士競技について語るとき、おおかたはこの世俗化した形態を念頭においている。しかし、剣闘士競技そのものは六〇〇年間もつづいたのであり、当然そこには変化があった。といっても、それらが変化する様をくまなく描けるわけではない。時代と地域が異なれば典拠となる史料も不揃いになり、叙述もむらが目立つだけだろう。

ここでは、あくまで帝政期の剣闘士競技をローマに典型的な見世物としておきたい。それでも、まずは共和政末期から帝政後期にいたる時期の剣闘士競技について、その概観を述べておくことにしよう。

すでに述べたように、もともと追悼競技は葬儀集会の一環として成立したものである。前二世紀のあいだに、この追悼競技は葬儀との関連を希薄にし、見世物興行として世俗化していった。その決定的な出来事は、そもそも私人にかかわる行事だったはずなのに、前一〇五年に公人の名で主催される剣闘士競技が開催されたことであろう。もっとも、後述するように、世俗化の契機を野獣狩り《ウェナティオ》の常設におく見方もある。

そのころになると、民衆は剣闘士競技の見世物にしばしば通うようになっていた。その熱狂ぶりときたらすさまじいばかりで、元老院も剣闘士競技を公の見世物として認めざるをえなくなった。それを主催し挙行する役割を最高公職者の統領《コンスル》に委任する。追悼の意味をもたない剣闘士競技が公認されたのである。といっても、私人によって開催される追悼競技会がそれ以後なくなったわけではない。むしろ、私費によって賄うことはがぜん強調されるようになる。政治的な含みからすれば、その意味合いはふくらむことになった。というのも、結果として、剣闘士競技を開催することが公職選挙の運動と結びつくようになっていくからだ。

望みうるかぎり網羅的な研究［文62］によれば、前四四年三月十五日のカエサルの暗殺にいたる時期について、公職選挙と結びつく追悼競技会の事例は二五例をあげることができる。年代順に列挙すれば、前九四年、八八年、八七年、七九年、六七年、六六年、六五年（二例）、六〇年（二例）、五九年、五八年、五七年（五例）、五五年（二例）、五四年（二例）、五二年（二例）、四五年、四四年である。

もちろん、これらの事例がすべてではないし、じっさいには史料としての痕跡を残していないものも多々あったにちがいない。それはともかくとして、残存する典拠のうちから、二、三の例だけでもとりあげておこう。

前六六年には、翌年の法務官の候補であったルキウス・リキニウス・ムレナは選挙運動に着手しなければならなかった。弁論家キケロによれば、ムレナはまだ追悼競技会を挙行していなかったので、その開催が期待されていた。というのも、彼は法務官候補であり、おそらくそのころ父親が亡くなっているからである。キケロは「見世物への期待があり、そのことは多くの人々が噂していたし、候補者たちは熱心に選挙演説していたのだから、期待はふくれあがるばかりだった」〔史7「ムーレーナ弁護」〕と述べている。

ここでいう見世物は追悼競技会である。むろん、追悼競技会の開催は公職候補者の義務であったわけではない。しかし、その期待はひそんでおり、それが裏切られれば、対立候補につけこまれる隙が生じてしまう。そのことで有権者に好ましくない印象を与えるにちがいない、と弁論家は語りたかったのである。

前五七年の年明け、カエサルの側近クローディウスは彼の兄弟の一人から親の追悼葬儀のために備えておいた剣闘士を借り受けている〔史7「セスティウス弁護」〕。彼はその剣闘士たちを使ってキケロ親派の集会を解散させたという。やがて法務官（クローディウスの兄弟の一人）の取巻きの剣闘士たちは逮捕されてしまう。ここで「法務官の取巻きの剣闘士たち」というキケロの表現は敵意むきだしで適切ではない。だが、政情不安なこの時期に剣闘士を護衛に使っていたことは誰もが認めていたところである。そうとはいえ、少なくとも追悼競技会が準備されていたことは確かなのだ。

前五二年、カエサル派のガイウス・クリオは自分の父の葬儀記念の余興に人を驚嘆させるような独創的な工夫をこらすことにした。というのも、大資産家の対立候補が大盤振舞いをしていたから、もはやどんな金のかかる装飾でも太刀打ちできなかったからである。そのためには驚嘆させるしかなかった。

相互に隣合せになった、二つの巨大な木造劇場を建てた。どちらも回転軸の上にバランスよく乗せられていた。午前中には劇の上演はその両方でなされ、双方が反対方向の背中合せであったので、両方の役者の台詞がお互いに消し去ることなどなかった。やがて突然その二つの劇場が回転しだし……それらの両端が出会ったのである。そのようにしてクリオは、剣闘士たちの戦いを自分で演出しようとして一つの円形闘技場を提供したのである。[史26 XXXVI 24]

たった一つの回転軸に支えられた観客席などとは危険きわまりないものであったにちがいない。こんなにも馬鹿馬鹿しい建造物を提供するのも、お目当てはクリオが護民官として演説するときに人気を博し、よろめきやすい有権者を煽動できるようにするためだったのである。その浅ましさを後世の大学者プリニウスは嘆いている。

ここで、クリオが父の葬儀を持ち出していることなど、すでにたんなる口実にすぎない。彼の念頭にあるのは、護民官のあとに造営官候補として名乗りをあげ、金満家の強力な対立候補に対抗することだけであった。これは極端な事例であるが、ここ前一世紀半ばにおいては、父祖の葬儀や供養というのは、もはや有名無実化した建前にすぎないことにもなっていた。しかし、見えすいた口実であっても、民衆はそれらの見世物を喜んで享受したらしい。というよりも、葬儀や供養との結びつきが希薄になれば、見世物だけが期待される。そうすれば、公職選挙にかぎらず民衆の歓心をかう有効な手段として見世物の提供が意識されるようになるだろう。

もちろん、このような世情が古来の気風に反すると嘆く声もなかったわけではない。史料は剣闘士競技の試合数を制限する法規が定められたことを伝えている［史39］。しかし、そんな規制も一時的な効果しかなかった。もはや勢威ある人物となろうとする者であれば、なによりも民衆を喜ばせその信頼を集めることに配慮しなければならないのだ。民衆からすれば、名望を求める有力者からの一種の贈物であり、彼らの期待をふくらませるボーナスだった。

そのような民衆の心の動きを熟知していたのが政略家として天性に優れたカエサルであった。彼は共和政の終焉《しゅうえん》を警鐘したばかりではない。剣闘士競技の歴史においても、画期的であった。贈物としての見世物が堂々とその姿をあらわすようになる。

まがりなりにも持ち出されるだけだったが、近年に死亡した男性親族などの口実はもはやどうでもよかった。それでも名目ばかりの大儀が必要だったのか、前六五年にはかなり以前に亡くなっていた父親の名を持ち出している。そこでは、剣闘士競技ばかりではなく、銀製の武器をもつ犯罪者を野獣と戦わせている。カエサルはこのときまだ造営官の職務にあったにすぎないが、後世のギリシア人プルタルコスの筆は、カエサルの気前の良さとそれにともなう人気をこう伝えている。

造営官にある期間に、剣闘士三二〇組を提供したほかに、演劇、行列、饗宴への豪奢な資金提供によって、前任者たちの意気込みを儚《はかな》いものと思わせたりした。このために、民衆の誰もが、カエサルが埋合せできるように、新しい公職や名誉を探してやる気になったのである。[史29]

また、前四五年には、八年前に亡くなった娘ユリアを持ち出し、追悼供養と称して、剣闘士競技と饗宴を大盤振舞いする。実娘とはいえ女性が持ち出されたのであるから、「このようなことは前代未聞のことであった」と歴史家スエトニウスも伝えている[史39]。

さらに、ひときわ壮観であったのは、前四六年の凱旋式にともなう、さまざまな出来事であった。兵士たちにはむろんのこと、一般市民にも、穀物やオリーヴ油が贈られただけでなく、金銭や酒宴が饗応される。それにつづく見世物の提供について、次のように記されている。

種々様々な見世物を提供した。剣闘士試合、劇の上演——これはローマ全市で各市区ごとに、それもあらゆる言語を話す役者を通じておこなう——それから戦車競走、体育競技、模擬海戦。中央広場での剣闘士試合には、法務官級の家柄に生まれたフリウス・レプティヌスと、かつての元老院議員で法廷弁護家クイントゥス・カルペヌスが、剣闘士として出場し、最後まで健闘した。

アシアとビュティニアの指導的市民の子弟が、軍隊ダンスを踊ってみせた。舞台劇では、ローマ騎士デキムス・ラベリウスが、自作の笑劇を演じて、カエサルから五〇万セステルティウスと黄金の指輪を贈られると、舞台からすぐ貴賓席を通り抜け、騎士席に入っていった。競走場の催し物では、まず大競走場の両端の空間を延長し、周囲に外濠をめぐらして、名門貴顕の青年が、四頭立て、二頭立て戦車を馭し、曲芸乗りの馬をも操った。

トロイア模擬戦には、少年が年長組と年少組の二隊に分かれてわたり合う。野獣狩りは五日間ぶっ通しで催された。最終日には、双方が五〇〇人の歩兵と二〇頭の象と三〇人の騎兵で戦列をつくって対峙し、ここかしこ入り乱れて戦う。彼らがいっそう広々と戦えるように、競走場の両端の折返し標柱を撤去し、その跡に双方の陣営が向き合って建てられていた。

体育競技者は、マルス公園につくられた臨時の体育場で、三日間にわたり技を競う。

模擬海戦では、ティベリス河岸の沼地に池を掘り、そこでチュロス艦隊とエジプト艦隊が大勢の海兵とともに二段櫂船《かいせん》、三段櫂船を激突させた。

これらすべての見世物のため、各地からじつにおびただしい見物人が押し寄せたので、余所《よそ》から来た者は、大勢が市内の通りや、あるいは街道筋に天幕を張って寝泊りした。たびたび多くの人が、押し合いへし合いして踏みつぶされ息を絶つ。そのなかに元老院議員も二人いた。［史39］

カエサルの見世物は、それまで催されたものをはるかに凌ぐ規模で提供されている。政敵ポンペイウスが、すでに数百頭のライオンや数百匹のアフリカ産の動物を殺す野獣狩りの見世物を催していた。その派手な場面は民衆の記憶に強く焼きついていた。そうであるからには、カエサルは、みずからの勢威がこれまでの有力者たちのおよぶところではないことを見せつけなければならなかった。彼の見世物は野獣狩りにかぎらず、多くの種目で彩られているべきだった。演劇や体育競技にもさまざまな趣向がこらされる。

なによりも民衆の関心を集めたのは戦車競走と剣闘士競技であった。大競走場の走路空間が延長され、戦車競走の迫力が一段と強烈なものになる。剣闘士競技の迫力もそれに勝るほどでなければならないことになる。従来のかたちの剣闘士競技ばかりではなく、大人数が出場するトロイア模擬戦や集団戦闘がくりひろげられた。さらに、きらびやかな見世物を誇示するかのように、模擬海戦がはじめて登場する。テヴェレ（ティベリス）河岸の沼地に溝池を掘らせ、四〇〇〇人の漕ぎ手と二〇〇〇人の海兵がチュロス艦隊とエジプト艦隊に分かれて激突した。これらの集団戦闘の舞台では、自由市民や青少年が文字通りの無害な模擬戦をおこなう場合もあり、また、専業の剣闘士が動員されることもあった。だが、大がかりな舞台装置には、おそらく戦争捕虜が連れ出され、壮絶な大量処刑の流血の見世物がくりひろげられたのである〔文17・42〕。

このようにしてみると、まずは公職選挙と結びつくことによって、やがて実力者の勢威を際立たせる手段であるかのように、剣闘士競技の開催はますます頻繁になっていく。さかのぼれば、すでに前一七四年には、同年に数回の剣闘士競技が催されていたが、そうした事態は一〇〇年後の共和政末期には通例になっていた。

ローマ人は剣闘士競技をムヌス（munus; 複数 munera）とよんでいる。その言葉はもともと葬儀にまつわる追悼競技を意味したが、カエサルの時代には、もはや見世物競技という意味合いしか民衆の意識にはなかったかのようだ。しかし、故事来歴としては、後世の人々も古来の追悼競技の意味を理解していた。二世紀末、キリスト教の護教作家テルトゥリアヌスはこう記している。

その昔、人々は死者たちの霊魂は血によって宥《なだ》められるものと信じていた。だから、葬儀の際に、彼らはそのために賄ってきた戦争捕虜あるいは資質が劣る奴隷を生贄として捧げた。［史46］

このような故事の記憶は、前一世紀末であってすら、一般の民衆にあってはもはやかすんでしまうほどのものでしかなかった。史料に残るかぎりでも、前六五年と前五〇年とのあいだの剣闘士競技の開催数は際立っているからだ。共和政末期の六〇年間に二五例をあげることができるが、そのうち一七例はこの間に集中してみられるのである。もちろん現実にあった開催数はこれらの事例数をはるかに上回るものであった。おそらく戦車競走や劇場の催しと並んで、剣闘士競技が通例化していたと考えていいだろう。その後の帝政期の事例をながめれば、為政者あるいは主催者の気質に左右されるところも少なくない。しかし、カエサルが頭角をあらわした前一世紀半ば、見世物としての剣闘士競技は、少なくとも首都ローマにあって通例行事となっていたのである。

世俗化の決定的瞬間

「剣闘士競技が世俗化する」と一口にいうが、その意味するところは、たんに見世物としての剣闘士競技が提供されることである。そう考えるとき、どうしても避けることができない問題がある。すでに語ったように、剣闘士競技が公人の名で挙行されたことで、やがて公職選挙と結びつくようになり、見世物として通例のものとなった。この筋書でたどれば、そもそも見世物として世俗化される出発点には公人による主催があったことになる。たしかに、それは剣闘士競技が葬儀との関わりを失う契機にはなったかもしれない。だが、そのような宗教的意味が薄れたからといって、見世物として人目を引くものになったわけではない。

いかにして世俗化への転機が訪れたのか。それは提供者と享受者との相互の利害関心が変質したからであろう。だが、そういうだけではありきたりであり、漠然としすぎるのではないだろうか。むしろ、見世物そのものの形態になにか明確で異質な要素が加味されたのではないだろうか。

その決定的な瞬間とはなにか。とてつもなく人目を引く物珍しいことが起こったのだろう。その瞬間とは野獣狩りが剣闘士興行に加えられたときであったのではないか。そう指摘するのは剣闘士競技をめぐって画期的な基礎研究をなしたヴィルである［文62］。

もちろん、野獣狩りという言葉には含みがある。広い意味合いであれば、野獣の生贄として生身の人間をさらす処刑があり、あるいは野獣と野獣との闘いもあり、これらはかなり古くからみられたものである。そもそも、その起源をたどれば、エトルリアのフェルス（Phersu）とよばれる見世物にたどりつく。そこには、目隠しされた裸の罪人が吠え立てる犬を棍棒で必死に叩こうとする場面があり、それは一種の処刑であった。のちの帝政期にあっても『サテュリコン』は野獣の前に投げ出された罪人について語っている（図6）。

ローマでは、少なくとも史料でたどるかぎり、野獣の登場は前一〇〇年ころまではさかのぼること

図６　野獣狩りと処刑のモザイク画（トリポリ考古学博物館蔵）

ができる［史26 VIII 53］。そのころの造営官の一人が同時に数頭のライオンを戦わせている。造営官たちが豪華な催しを供することで競い合うようになっていたらしい。一世代後のキケロですら、これら催し物が華やかであったと語っているほどである［史7「義務論」］。その後も、断続的に催され、たとえば前述したポンペイウスやカエサルの主催する見世物としても提供されている。

これらの見世物を野獣狩り《ウェナティオ》と剣闘士競技という言葉であらわすことにしよう。そうすると、前記の事例からも明らかなように、野獣狩りと剣闘士競技はそもそも別々に催されるものであった。野獣狩りは、公の祭事《ルーディ》の余興として、通例、円形競走場で提供されている。これに比べて、剣闘士競技は、広場で、個人の主催するものとして挙行されたのである。

このような野獣狩りが、あるときから、剣闘士競技の添物として催し物のプログラムのなかに登場する。それははたしていつのころからなのだろうか。野獣狩りがプログラムの前座や余興として設けられるようになった、そのときこそ剣闘士競技が世俗的な催しとして名実ともに形をなした、と考えることができるのではないだろうか。

随時に意図的につくられた余興であるから、野獣狩りが聖なる意味を帯びることはなかった。そもそも野獣狩りにはさまざまな変種がありえたし、どんなかたちをとることもできた。野獣狩りはローマ世界のなかでまったく宗教的な意味をもたない世俗的な娯楽にすぎなかった。それは剣闘士競技の祭事《ルーディ》のなかで前座や余興として期待されるようになるのだが、あたかも野獣狩りに聖なる意味を帯びさせようとしているかのようである。だが、事態は逆になる。それは剣闘士競技という催し物から聖なるものを消し去り、競技そのものをますます世俗化していくことにほかならない。

こうして野獣狩りが剣闘士競技の演目のなかで添物として提供されるようになる。その最初の事例は紀元六年である。この年、国民に人気があったドルススの名誉を讃えて競技会が催され、そのなかで野獣の見世物が提供されている。そのありさまを、大学者プリニウスの筆から想起してみよう。


ゲルマニクス・カエサルの催した剣闘士の見世物では、何頭かの象がぎこちなく踊ってみせたりすることまであった。ありふれた催しであるが、風で逸らされないように空中に武器を投げたり、お互いに剣闘士を演じて戦ったり、あるいは、おどけながら戦舞をみせびらかしたりするのだった。それから、綱の上をゆったり歩きながら妊婦のふりをする一頭を四頭が担架に寝かせて運んだり、人間で混み合う食堂のなかで飲んでいる輩《やから》の誰にも触れないように慎重に歩きながら、自分たちの寝椅子の席につくようなこともやったりもするのだった。［史26 VIII 2, 4-5］

ここでプリニウスは芸を仕込まれた動物が登場したことしか伝えていないが、野獣狩りがあった可能性は高い。

おそらくこの話と同じような場面が三世紀初頭の作家アエリアヌスによって描かれている。彼は象の逸話について「ゲルマニクス・カエサルはローマ人のために観客席を設ける」［史1］と述べている。そこから訓練について詳細な記述が延々とつづくが、そのなかにはプリニウスの記述を傍証するところも少なくない。というのも、さまざまな舞踏、剣闘士模擬戦、芸人や象の綱渡りなどが宴席のなかで催されており、この見世物が六年に開催されたドルススの競技会であることは十分に考えられるからである。

といっても、すぐに前座や余興として固定されたわけではない。当時の皇帝アウグストゥスはドルススの義祖父であるが、その皇帝について、次のように記されている。

〔競走場の見世物や剣闘士試合をたびたび催し、その合間にアフリカ野獣狩りを〕広場ばかりでなく、円戯場でも、競走場でも投票場でも提供し、ときには野獣狩りのほかはなにも与えなかった。〔史39〕

ここから、戦車競走や剣闘士試合の合間に、あるいは単独で、野獣狩りが開催されていたことがわかる。また、アウグストゥス帝みずからの言葉でもこう述べられている。

私の名で三度、私の息子らや孫たちの名で五度、剣闘士試合を催した。これらの見世物で約一万人が試合した。……アフリカ野獣狩りは、私の名や私の息子や孫たちの名で、大競走場または中央広場で、あるいは円戯場で、二六度、国民に提供した。これらの場所で殺された野獣は約三五〇〇頭である。〔史34〕

これらの野獣狩りのうち、中央広場や円戯場で提供されたものは剣闘士競技の添物であったとしても不思議ではないだろう。というのも、当時の日常生活の風景から、これら二つの見世物が一つの催しとして挙行されている様がうかがわれるからである。

さらには円形劇場での朝の興行を思わせもする。殺されるさだめの雄鹿が、砂の上で、犬たちの餌食となるのだ。〔史24 XI〕

詩人オウィディウスの書き方は、剣闘士競技と野獣狩りの結びつきが当たり前な事実であるかのようである。「朝の興行を思わせる」とは野獣狩りのことではないだろうか。いずれにしろ、このころから、単独の野獣狩りのほかに、剣闘士競技の前座や余興として野獣狩りが添えられるようになったのである〔文49・62〕。

このような剣闘士競技と野獣狩りとが一つの催事として結びつきを深めるなかで、やがて「公認された正規の興行」（munus iustum e legitinum）という表現がみられるようになる。一世紀半ばの出来事について、次のように語られている。

剣闘士試合もたくさん、いろいろな場所で提供される。クラウディウスが元首に即位した記念日には毎年、護衛隊兵舎で野獣狩りも舞台装置もなしに、剣闘士試合を催した。サエプタ広場でも公認された正規の興行をやり、同じ場所で臨時の、短い試合も二、三日催した。〔史39〕

ここで、「公認された正規の」という言回しはおそらくその直前にある「野獣狩りも舞台装置もなしに」という語句と対応している。その前提には、「公認された正規の」という言回しは剣闘士競技と野獣狩りの組合せを通常の形式とみなしていることがある。

このような言回しは、ポンペイの広告にも散見されるのだ。

カエサル・アウグストゥスの御子ネロの終身神官デキムス・ルクレティウス・サトゥリウス・ウァレンスによる二〇組の剣闘士の戦いと、彼の息子デキムス・ルクレティウス・ウァレンスによる一〇組の剣闘士の戦いが、四月八日、九日、十日、十一日、十二日にポンペイで開催される。

公認の野獣狩りがあり、天幕も張ってあるだろう。アエミリウス・ケレルが月明かりで単身これを書く。［*CIL*, IV 3884］

この広告は市街地の壁に専門職人が書いたポスターである。ここで「公認の野獣狩り」（VENATIO LEGITIMA）と記されていることからも、剣闘士競技と野獣狩りとが通例のものとして意識されていたことがわかる。前述した「朝の興行を思わせる」などの諸例からすれば、一日のうちで午前中は野獣狩りがあり、午後には剣闘士競技が開催されるようになったらしい。その興行形態が慣例化していったのである。

2　ローマ社会と見世物

見世物への規制

たしかに、剣闘士競技の世俗化には野獣狩りの導入が大きな役割を果たしていた。そうとしても、剣闘士競技主催者の動機となると、ひとくくりにまとめていえるほど単純ではない。それでも、前一世紀の共和政末期には、選挙運動の流れのなかで意識されていた。そのような動機が剣闘士競技などの見世物興行を提供する側にはあったにちがいない。

共和政末期とはローマ社会の大きな転換期であった。実力者あるいはその有力候補がひしめき合っている時代である。そのような競合関係が激しくなりながら、公職候補者のライバル意識も熾烈《しれつ》をきわめたのだ。それにつれ見世物が提供される機会はますます増加していっただろう。その催しの舞台装置もまたひとしきり工夫がこらされ、ますます豪奢になり壮麗になる。このようにして、現実にあっては、公職選挙をめぐる思惑がからみだす。それが名望家たちの公生活における行動様式を方向づけたのである。

選挙運動のために見世物が派手になるにつれ、それが国家秩序を脅かしていると感じる人々も少なくなかった。なかでも父祖伝来の気風を重んじる人々は当世風の趨勢《すうせい》にほぞを嚙む思いをしただろう。問題を抜本的には解決できないにしても、少なくとも見世物の提供される規模や範囲になんらかの制限を設けておきたい。そのような動きが生じるのは当然であった。共和政擁護の弁論家キケロはこう語る。

選挙違反については、もしお望みなら、君と一緒に私も告発しよう。金で雇われた連中が候補者に会いに行ったり、雇われた付添いが候補者のあとをつけたり、剣闘士のショーのときに無差別に選挙区ごとに席を提供したり、一般人に無差別に食事を提供したりすればカルプルニウス法に違反する、という元老院決議が私の提案のもとでなされたと君は言った。〔史7「ムーレーナ弁護」〕

ここから、剣闘士競技の開催をめぐってなんらかの規制が設けられたことは確かである。しかし、敵もさるもの、その種の見世物を規制しても、その成果は必ずしもはかばかしいわけではなかった。そう思えるふしは少なくない。

その法令が気に入らないと彼は言った。誰が知らないだろう、彼が私の法律を侮辱していることを。その法律では、決定にせよ、予定にせよ、政務官職に立候補する者は、その二年以内に剣闘士競技会を開くことを明確に禁止したのだ。……彼には口実が二つあった。彼の言い分はこうだ。まず、「私は猛獣相手の闘技士たちの見世物を提供するのであって、法律の適用は剣闘士にかぎられる」と言っている。おもしろいことを言う男だ。さらに気の利いた弁明に耳を傾けてみよう。「剣闘士たち」ではなく、一人の「剣闘士」の見世物を供したのであって、造営官就任にともなってかかる費用を転用したのだと彼は言っている。なんと素晴らしい造営官だろうか。一人の「獅子」という名の剣闘士に、二〇〇人の闘技士とは。だが、もう言いたいように弁明させておけばよい。〔史7「セスティウス弁護」〕

ここで攻撃されているのは、キケロの敵であるクローディウス派の人々である。彼らは法規制の字面をあげつらって、巧みに見世物を提供しようとする。あげくの果てには「レオ」（獅子）という名の剣闘士は人間ではなく野獣なのだから、その相手となる剣闘士たちは野獣と戦う闘技士であって、剣闘士どうしの競技会ではない、という詭弁《きべん》を弄する。まるでこのような詭弁そのものが法令をあざ笑い、見世物を渇望する民衆を楽しませているかのようである。そこから、このような見世物規制の法令を遵守することが多くの人々によって真摯《しんし》に受けとめられていない、あるいは、彼らはその違反を深刻な事態とみなしていないという時代の雰囲気が伝わってくる。

それにもかかわらず、公職候補者による見世物興行の開催をめぐって、くりかえしさまざまな処置がなされる。開催日数や剣闘士数に制限が加えられたり、さらには舞台装置の豪華さを縮小したり、あれこれと工夫される。

しかし、反面では、とりわけ地方都市の公職者にはかくべつ配慮されることもあった。彼らは公職にふさわしいだけの大盤振舞いをしなければならなかったからだ。彼らには見世物提供の費用の一部を公金で賄える場合がある。たとえば、前四四年のイベリア半島南部の都市憲章（ウルソ市法）の規定では、都市の最高公職者二人委員であれば、最低二〇〇〇セステルティウス（およそ一〇〇万円）以上を自己負担すべきだが、二〇〇〇セステルティウスを上限として公金を使用してもよかった［*CIL*, II 5439］。だが、じっさいには民衆の要求や名望家どうしの競争心にあおられてしまいがちだった。そのせいで頻繁に開催する義務が生まれ、かえって自己の資力を超えた負担を背負い込むことにもなった。

このために一私人が出費する開催を規制する動きはますます強まる。アウグストゥス帝の治世には、元老院の許可なしで開催できないこと、年二回を超える回数は開催できないこと、一開催に一二〇人より多い剣闘士が出場しないことが取り締まられたという［史9 LIV 2, 3-4］。このような措置が明確になれば、見世物興行の主催者になることは魅力を失っていったにちがいない。

じっさい、首都ローマでは、私人が主催する自発的な開催はティベリウス帝の治下では目立たないものになりつつあった。さらに、開催の減少はそれにとどまらなかった。クラウディウス帝の治世当初には法務官主催の見世物さえも廃止されるというありさまだった。

しかし、見世物興行を求める民衆の声は鳴り止むはずがなかった。このため、クラウディウス治世の六年目（紀元四七年）には「毎年の剣闘士の見世物は、財務官に予定されている者が、自費でおこなうべきである」〔史40 XI 22〕と提案されている。ここではもはや公職選挙のために先を競って提供する時代が過ぎ去ったことがわかる。それよりも当選した公職予定者に与えられた義務になったのである。だが、この財務官主催の剣闘士興行さえもネロ帝の治世には廃止されている。もっともこの廃止措置もドミティアヌス帝の治世には解除され、財務官主催の剣闘士興行は復活する。しかも、これらの興行にはドミティアヌス帝は必ず出席したという〔史39〕。このような開催にまつわる規定には浮沈みが激しかった。というのも、為政者たる皇帝の嗜好《しこう》や意向に左右されやすくなっていたのである。

とはいえ、剣闘士興行の開催そのものが減少しつつあったわけではない。皇帝みずから剣闘士の見世物に関心を示すことも少なくなかったのである。アウグストゥス帝からして、見世物を提供することに並々ならぬ熱意をもっていた。

余が開催した剣闘士興行は、余の名において三度、余の息子および孫の名において五度におよび、これらの競技にあって、およそ一万人が戦った。あらゆる地域から招き寄せた競技者による見世物を、余の名において二度、余の孫の名において三度、国民のために余は提供した。余の開催した競技会は、余の名において四度、ほかの公職者の名において二三度である。十五人祭司団に代わって、余みずからが主宰者となり、マルクス・アグリッパを同僚として、ガイウス・フルニウスとガイウス・シラヌスのコンスルのときに、世俗の競技会を挙行した。一三度目のコンスルのとき、余は最初のマルスの競技会を開き、そのとき以後、毎年連続して元老院決議と法に従って、コンスルがこれを開催してきた。アフリカの猛獣との格闘技を、余の名、あるいは余の息子、および孫の名において、円形競走場、広場、あるいは円形闘技場で、国民のために余は二六度開催し、これらの際に、およそ三五〇〇頭の猛獣が犠牲となった。〔史34〕

剣闘士の人数の多さからして、ここで言及されている剣闘士興行は大規模なものにかぎられていたかもしれない。小規模なものも加えれば、じっさいの見世物はもっとしばしばおこなわれていたにちがいない。

派手なことをきらった堅実派のティベリウス帝はこの点では先帝の真似はしなかった。だから、祭り好きの民衆にはひどく人気がなかった。

見世物はいっさい提供しなかった。他人が提供した見世物にも、民衆がなにかねだりはしないかと恐れてめったに出席しなかった。〔史39〕

異常さで知られるカリグラ帝が、この残酷な見世物に熱狂したのは、想像にかたくない〔史9 LIX 10. 2-3〕。クラウディウス帝もしばしば見世物を提供し、しかも盛大に催したという。

剣闘士試合もたくさん、いろいろの場所で提供される。クラウディウスが元首に即いた記念日には毎年、護衛隊兵舎で野獣狩りも化粧装置もなしに、剣闘士試合を催した。投票場《サエプタ》でも通例の本格的な試合をやり、同じ所で臨時の、短い試合も二、三日催した。〔史39〕

しかし、芸術家気取りのネロ帝は戦車競走と演劇を好んだという。このように帝政期の剣闘士興行はそれぞれの皇帝の熱意に左右されていたことがわかる。それとともに、皇帝がどれくらい民衆の人気を気にするかということも重要だったにちがいない。

見世物の開催

このような見世物の提供は公衆の目にふれることから開催（editio）とよばれるようになる。しかし、帝政期の公人による開催は共和政期のものとは営まれ方も異なっていた。興行の世話役（curatores munerum）によって組織されたが、当初は定期的に開催されたわけではなかった。もはやローマでは、公職選挙にあって人気を集めるためという提供する側の動機はなくなっていた。だが、見世物を見る側には、見たいという欲求はつのるばかりだっただろう。

そういう世情が広がれば、期待に応える動きが生じる。財務官主催の剣闘士興行は時とともに定期的になっていく。一年のなかで期日が定まり、十二月の開催が定着する。四世紀のフィロカルスの暦によれば［*CIL*, I^{2}, p278］、前半が二日、四日、五日、六日、八日であり、後半が十九日、二十日、二十一日、二十三日、二十四日であった。十二月二日から財務官は任務に就くのであり、彼らは資財を投じて提供するのだった。もっとも、三世紀のアレクサンデル・セウェルス帝は財務官に指名されている者にだけ私費で提供することを命じ、財務官職にある者には皇帝金庫からの費用で提供することを認めたという。だが、いずれにしろ、一世紀末のドミティアヌス帝によって規定された期日が三〇〇年も効力をもっていたことになる。

ところで、なぜ、これらの日々に固定され、かくも長くつづいたのだろうか。十二月が農業神サトゥルヌスの月であり、この神への人身御供《ひとみごくう》として剣闘士試合が営まれたという考えがある。もともと剣闘士競技は死者の霊に奉られたのであり、その宗教的意味からすれば、ありえないことではない。さらに、なんらかのかたちで剣闘士競技に再び宗教上の神聖な意味を与えようとしたのかもしれない[文62]。もっとも、このような後世になって意図的に作為したにしても、それがどれほどの効果をもったかははなはだ疑問である。というのも、剣闘士競技がそれほど神聖さと結びつくものになっていたとすれば、キリスト教徒がこの見世物をあれほど激しく非難したり無視したりすることはなかっただろうから。

剣闘士の試合はそもそも死者を宥《なだ》めるために催されていたとしても、このような宗教的意味を失ってしまえば、世俗化した見世物娯楽として民衆が喜ぶだけになってしまうのである。

共和政期には、政治指導者の選出にあたって公職選挙が重要であった。共和政末期までなら、公職に就こうとする者には民衆の期待に応えることも必要だっただろう。だが、元首たる皇帝の意向が行政の行方を左右する帝政期になれば、そのような公職候補者を選挙するという慣例そのものが廃れてしまう。元首政の建前からすれば、皇帝（元首）といえども元老院を尊重しながらその意向を考慮するべきである。だが、それはうわべの装いであり、じっさいに公職者を指名するのは皇帝であった。たとえ民衆が待望しているにしても、見世物には大義名分がいる。すでに、前四二年の四月十九日、大地母神ケレスに奉るケリアリア祭の最終日、戦車競走場で剣闘士競技が催されている［史9 XLVII 40.1］。さらに、オウィディウスは三月十九日から五日間つづくミネルウァ女神の祭儀について語っている。

その初日は血を流してはならず、剣を打ち合うことは御法度です。なぜなら、この日はミネルウァ女神がお生まれになった日だからです。次の日と残りの三日間は闘技場の砂をならしてお祝いがなされます。戦の女神は抜き合った剣を喜ばれるからです。［史23］

このような神々への祭儀のなかで、余興として剣闘士の戦いが開催されている。それらの祝祭日には、まずは戦勝記念日があり、また、主催者やその家族の誕生日であったり、公共建築物の落成日だったりした。さらに、元首の健康のために（pro salute）剣闘士競技がなされることもある。それらを示唆する事例のなかでもカリグラ帝の話は異例であろう。就任直後には、ティベリウス帝の後継者として嘱望されながら若くして謎の死を遂げた父ゲルマニクスの息子として、民衆の期待を一身にあびていたのだ。

誰も彼も、カリグラの安泰を気遣い心配していることを証明するために、どんな些細な機会も逃さなかった。そこで彼が病に倒れたときは、パラティヌスの周辺で皆が夜を明かした。病人が健康を回復したら、自分は武器をとって剣闘士と一戦を交えると宣誓した人や、立札をかかげて

自分の首を捧げると誓った人もいた。〔史39〕

それほど支持されたカリグラ帝であったが、病が癒えて人前に出るころには精神を侵されていたという。

カリグラの健康の回復を神に祈願し、剣闘士としての奉仕を誓っていた者に、カリグラは誓約を果たせと要求した。その者が真剣に戦うのを見物し、勝利者となり熱心に嘆願されてやっと解放した。〔史39〕

もはやその凶暴な性格は隠しえないものになっていたのである。だが、これはたんなるエピソードにすぎない。それほど残酷な場面が好きだったせいか、カリグラ帝はガリアまで剣闘士を連行してルグドゥヌム（現リヨン）で見世物を開催している。

このように元首の地方訪問の際に剣闘士興行が開催されることは少なくなかった。ローマ西方の山岳地帯にあるフキヌス湖とリリス川を結ぶ地下水路が貫通したとき、クラウディウス帝はその湖を模擬海戦で飾ったという〔史40 XII 56〕。そのとき一万九〇〇〇人が武装して動員されたというから、かつてなかったほどの規模だったにちがいない。さらに、水路が開かれたとき、工事の欠陥が露呈してしまう。そこで掘り直して修復すると、「またぞろ大勢の人を寄せ集めるために、剣闘士の見世物が提供される」〔同 XII 57〕のであった。

おそらくネロ帝がギリシアを訪れようとしてアドリア海をめざしていたときのことだろう。

中途、ベネウェントゥムに立ち寄った際、ウァティニウスなる者が、その地で剣闘士の見世物

を盛大に催した。［史40 XV 34］

この男は、皇帝の寵をいいことに著名人を誰彼となく讒訴《ざんそ》して、一頭地を抜くほどの大きな勢力をもっていたという。

ネロ帝死後の内乱期でさえも、移動中の出来事として次のような記述がある。

第十三軍団は円形闘技場の建設を命じられた。というのも、カエキナはクレモナで、ウァレンスはボノニアで剣闘士の見世物の開催を準備していたし、ウィテッリウスも娯楽を忘れるほど政務に没頭していたわけではない。［史41 II 67］

皇帝位を狙う実力者たちが競って剣闘士の見世物を提供している様がうかがわれる。地方訪問の際にも見世物興行を施すことであれば、野心をいだく者が自分の実力を民衆に誇示する格好の機会であったのである。

ところで、皇帝や有力者の訪問時ではなくても、イタリアの地方都市でも属州各地でも剣闘士の見世物は開催されている。そのようなときには、どのように運営されていたのだろうか。なによりも注目されるのは、いわゆる「ウルソ市法」［*CIL*, II 5439］であろう。この市法はカエサルの死の直前に認可されているが、そのなかで、まず都市の最高行政役である二人委員の義務のひとつとして見世物の開催が規定されている。

二人委員は誰であっても、この法令後最初に指名された者を除いて、在任中に都市参事会の裁量に基づきユピテル、ユノ、ミネルウァおよび神々と女神々のために、可能なかぎり四日間の日々の大部分にわたって、剣闘士競技もしくは演劇の見世物を開催しなければならない。それらの剣闘士競技や演劇のために、二人委員はそれぞれ資産から最低二〇〇〇セステルティウスを自己負担すべきであり、各自が公庫から二〇〇〇セステルティウスを上限として支出してもよいし、そうすることは個人のリスクなしで許される。また、なん人《ぴと》も、この法に従って植民市もしくはほかの場所で公に挙行される聖なる儀式のために、与えられた資金のいずれをも費消したり、譲渡したりしてはならない。［LXX条］

次に次長役の造営委員についての規定もある。

造営委員は誰であっても、在任中にユピテル、ユノ、ミネルウァのために、可能なかぎり三日間の日々の大部分にわたって、剣闘士競技もしくは演劇の見世物を開催しなければならない。一日は円環広場あるいはウェヌス広場で挙行されるべきであり、それらの見世物のために、造営委員はそれぞれ資産から最低二〇〇〇セステルティウスを自己負担すべきであり、各自が公庫から一〇〇〇セステルティウスを支出してもよいし、その費用を二人委員あるいは都市長官が授与分配すべく配慮すべきであり、そのようにして個人のリスクなしで受領することが許される。

［LXXI条］

ここでは、二人委員の場合も造営委員の場合も、剣闘士競技と演劇とが見世物の提供にあって選択されるという。そのような見世物の開催にあたって、自己負担には下限が定められ、公金支出には上限が設けられている。そこから推察すれば、すべてを自己負担でおこなうことが望ましかったのではないだろうか。たとえば、ポンペイの事例は明白である。

五年目戸口調査役のグナエウス・アッレイウス・ニギディウス・マイウスによって、公共の財源をわずらわせることなく、提供される剣闘士二〇組とその補充闘士が、ポンペイにおいて戦う。

[*CIL*, IV 7991]

ここで「公共の財源をわずらわせることなく」と強調されているのは、この有力者の自負心の現れであろう。そのような人物こそが民衆の敬意をかちえるのであった。

公職者にかぎらず、都市の有力者が見世物を提供している場合も珍しくない。とりわけ、名誉職のような地位にある者はことさら見世物提供の好機を見逃すはずはなかった。しばしば皇帝礼拝の祭祀を司っていたというアウグスターレスには富裕な解放奴隷が就くことが多かったが、彼らは剣闘士競技の提供に意欲をもっていたという。公費の負担をかけないのであれば、あとは開催者の気概だけということになるからだ。

プブリウスの解放奴隷プブリウス・ウェイディウス・フィロクレスはベネウェントゥムのアウグスターレスとして剣闘士五〇〇人を提供した。この記念物は彼と家族の思い出として、兄弟と妻および母によって配慮されたものである。[*CIL*, IX 1703 = *ILS*, 5067]

祭祀にたずさわる地位は名誉職であったから、次の事例も主催者の意欲を示唆するものであろう。

カエサル・アウグストゥスの御子ネロの終身神官デキムス・ルクレティウス・サトゥリウス・ウァレンスによる二〇組の剣闘士の戦いと、彼の息子デキムス・ルクレティウス・ウァレンスによる一〇組の剣闘士の戦いが、三月二十八日からおこなわれる。野獣狩りもあり、天幕も張られるだろう。〔*CIL*, IV 7995〕

このような祭祀にかかわる名誉職の事例は、ほかに皇帝礼拝祭司（flamenn augustalis）〔*CIL*, IV 3882〕とカエサル・アウグストゥスの祭司（flamen Caesaris Augusti）〔*CIL*, IV 1180〕があるが、帝国西部ではポンペイでのみ知られている。

しかしながら、東部に目を向ければ、ギリシア世界では剣闘士競技の興行主に都市の皇帝礼拝祭司がいることは珍しくない。すでに、小アジアでは、アウグストゥス帝の治世に、ミュラサやタソスでみられ、クラウディウス帝の治世にはアフロディシアスで知られている。これらは一世紀の事例であるが、残存する史料は二〜三世紀の事例がはるかに多い。

公職者にしろ祭司にしろ、これらの事例は地方都市の名望家ができるかぎり自分の負担で見世物を提供するものであった。だが、残された史料のなかには、剣闘士の見世物に責任を担っているかのような役職名が散見される。

ひとつは興行役（munerarius）である。イタリア北部のトリエステから出土した碑文には、次のように記されている。

コンスタンティウスは、興行役として自分の剣闘士団でもって熱望される見世物のために、死者の弔いとして見世物を提供した。〔*CIL*, V 563 = *ILS*, 5123〕

ここで古式ゆかしい「死者の弔い」が持ち出されているのは珍しいが、そのような記憶はかなりあとの時代まで残っていたにちがいない。ともあれ、このような興行役はすでにアウグストゥス帝の時代に設けられたという［史32 VIII 3.34］。彼らは、開催のいずれの日も民衆の期待をかきたてるために、剣闘士対決の新たな組合せに配慮を怠らなかったというから［史35 IV］、なにかと注目される重責を担っていた様が偲ばれる。

それとは別に、地方都市の開催責任者に公演世話役（curator muneris publici）も登場する。ローマ近郊のプラエネステ（現パレストリーナ）で出土した二四三年の碑文には次のように記されている。

> プブリウスの息子にしてメネニア区所属のプブリウス・アキリウス・パウルスに捧げる。かの人は皇帝礼拝者《アウグスターレス》六人委員、植民市財務委員、造営委員、二人委員、神君アウグストゥス祭司、穀物供給世話役、公演世話役、会計簿世話役、交易地区のユピテル密儀崇拝者、威信ある保護者であり……。［*CIL*, XIV 2972 = *ILS*, 6253］

碑文のなかの役職名が就任順であるとすれば、都市の最高責任者である二人委員を務めたあとで公演世話役に従事していたことになる。一種の名誉職であったにちがいない。

イタリア南部のベネウェントゥムには一世紀半ばの墓碑が残されている。

> 冥府の神々への祭礼。クラウディウス皇帝礼拝者《アウグスターレス》にして一日公演世話役（CVR MUNERIS DIEI VNVS）のアウルス・ヴィッビウス・ヤヌアリウスに捧げる。アウルス・ヴィッビウスの息子であるユスティヌス、ユスティアヌス、ヤヌアリウスは父に心から感謝して設置した。［*CIL*, IX 1705 = *ILS*, 5066］

一日公演とは謎めいているが、見世物の世話役であったことには変わりないだろう。それにしても興行役（munerarius）と公演世話役（curator muneris publici）とはどのような差異があるのだろうか。少なくとも同じ役職の別名ではない。それは以下の人物の肩書から推察される。

公演世話役、興行役、監察格二人委員、永久祭司たるガイウス・カルプルニウス・ケルススは……。〔*CIL*, VIII 24〕

同一人物が両者の役を担っていることから、その区別は明らかである。

詳細は不明なところもあるが、おそらく次のような出来事があったのではないだろうか。古くは、どのような目的や名目であれ私人が随意に見世物を提供していたのであろう。民衆の期待が高まるにつれ、かなり定期的な催しになっていったにちがいない。それとともに、ある程度は公費から負担することが必要になったのである。ウルソの市法からもうかがうことができるように、もともと私人の自己負担でなされていたのだから、公共の財源を費消することは最小限に抑えることが望まれたのだろう。

こうしてみると、興行役なる名称はアウグストゥス時代に登場しているにしても、私人が見世物を提供することはローマ以外でも古くからおこなわれていた。剣闘士興行の発祥地とみなされるカンパニアは別格にしても、イベリア半島でもカエサルの時代には開催されていたわけである。もっともローマ人が入植した植民市であるから、母市の慣行が持ち込まれただけだともいえるのだが。

闘技見世物の場所

前述したように、ローマにおける最初の剣闘士競技は前二六四年、牛の広場（forum boarium）で開かれた。ブルトゥス家のマルクスとデキムスが亡父の思い出に催したものである。この実施場所は共和政期を通じて変わることはなく、この種の広場が利用されている。とくに中央広場の闘技場はバシリカ・アエミリアとバシリカ・センプロニアのあいだにあったという。舞台（arena）は長方形の広場の空間に合わせて楕円形であったらしい。この舞台（六〇×三五メートル）のまわりには木造の観覧席が設けられていた。

カエサルの開催した剣闘士試合もしばしば中央広場でおこなわれている［史39］（図7）。アウグストゥス帝時代の建築家ウィトゥルウィウスの伝えるところによれば［史49 X praef. 3］、剣闘士競技の観覧席や天幕張りが、一定期間に猶予も延期もなく、仮設を迫られた様がうかがわれる。

カエサルの死によって中断されていたマルスの野が整備されたのは、後継者のアウグストゥス帝の治世だった。その中心をなしたのがサエプタとよばれる広大な列柱回廊である。アウグストゥスの盟友でもあったアグリッパが亡くなったあと、故人を偲ぶ剣闘士試合がサエプタで催されている。死後数年を経ていたが、皇帝を除く全員が黒い喪服で出席したという［史9 LV 8, 5］

しかし、すでに前三〇年には、オクタウィアヌス配下の武将スタティリウス・タウルスが、戦勝記念にマルスの野に常設スタンドの闘技場を建立していたらしい。カリグラ帝は「剣闘士試合を、ときにタウルス円戯場で、ときに投票場《サエプタ》で何度か催した」［史39］という。また、クラウディウス帝の治世

図7　フォロ・ロマーノの遺構

図8　ヌケリア人の反乱
(ナポリ国立博物館蔵)

には「剣闘士試合もたくさん、いろいろの場所で提供される。クラウディウスが元首に即いた記念日には毎年、護衛隊兵舎で野獣狩りも化粧装置もなしに、剣闘士試合を催した。投票場《サエプタ》でも通例の本格的な試合をやり、同じ所で臨時の、短い試合も二、三日催した」〔同〕と伝えられている。

首都ローマにあっては、剣闘士の見世物はさまざまな公共の広場で開催され、常設の円形闘技場は少なかった。わずかに、背中合せの半円劇場の観客席を回転させて円形スタンドにするという馬鹿げた仕掛けのクリオの闘技場（八八頁参照）とタウルス円戯場があげられるにすぎない。前者は耐久性などあったものではなく、ほどなく回転軸が摩滅して外れ、壊れてしまったらしい。タウルス円戯場はおそらく数千人を収容できるほどの小さな円形闘技場にすぎなかっただろう。帝政期には住民は一〇〇万人規模になっていたのであるから、熱狂あふれる見世物にはその観客収容力はあまりにも小さすぎたのである。

それとともに、為政者の立場になれば、熱狂する観客が集まるとき、その数が多ければ多いほど、混乱に乗じた煽動者や反乱者の出現が懸念されただろう。じっさい二万人の収容力を誇る円形闘技場のあるポンペイでは、ネロ帝治世の五九年、暴動が起こっている（図8）。

同じころ、些細なきっかけから、ヌケリアとポンペイの両植民市の住民のあいだに、残酷な殺し合いが起こった。それは、すでに述べたように、元老院から追放されていたリウィネイユス・レグルスが催した剣闘士の見世物の最中の出来事である。彼らは地方町の人らしく無遠慮にののしり合っているうちに、石を投げ出したあげくに剣を抜き交わすにいたった。〔史40 XIV 17〕

この暴動事件は首都の元老院も重視し調査がおこなわれたと伝えられている。その結果、ポンペイでは向こう一〇年間、剣闘士の見世物が禁じられたという。じっさいには数年で再開されたらしいが、興奮した民衆を鎮静することの困難さがにじみでている。このような事情を考慮すれば、巨大な人口をかかえる首都ローマで大がかりな恒久施設を建設することは、心配の種であっただろう。

熱狂する民衆への懸念と不安がひそんでいたにしても、民衆の期待は高まるばかりだった。もはやそれを無視できないばかりか、ことさら気にかける皇帝が登場する。ネロ帝まではまがりなりにもカエサルやアウグストゥスの血を受け継いでいた。だが、ネロ帝死後の内乱を収拾して帝位に即いたウェスパシアヌスには、もはや血族という意味で為政者の資格はなかったのだ。

イタリアの地方貴族にすぎない身であれば、皇帝として君臨する基盤を堅固なものにしなければならない。そのためには、民衆に期待され敬愛されることが肝要であった。自分の生活は質素で堅実であったが、首都の公共建築には出惜みをしなかった。とりわけ民衆の熱望する円形闘技場を建てること、それも、これまで誰も見たことがないような空前の規模の建造物であることが望ましかった。こうして、かのコロッセウム（コロッセオ）が実現することになる。

この壮麗なコロッセウムが完成したことで、帝国の各地に円形闘技場の建設が盛んになっている。とくに一世紀末には顕著であった。それらはしばしばローマのコロッセウムを範例にして建造されている。それらの施設について、帝国全土で一八六の円形闘技場が確認されると指摘する研究者もいる[文28]。実数はこれをはるかに上回っていたことは想像に難くないし、その可能性として八六が推測されるという。総計すれば、二七〇を越える数になるのだから、まずはその人気のほどが偲ばれる。その実数はともかく、これらの円形闘技場について、地域ごとの事情を素描しておこう。

イタリアの円形闘技場

文献のなかには、ただ見世物《ルーディ》について言及しているだけのものもある。それらを考慮しないでおくにしても、遺跡であれ碑文であれ、イタリアにおける円形闘技場の名残の数は多い(図9)。ある研究者は九九を数えることができるとしている[文39]。

それでも共和政期の円形闘技場となると、たとえば劇場と比べれば、かなり少なかった。カンパニアのカプアには、すでに前二世紀には円形闘技場があったが、現存する遺構は一世紀に建て直されたものである。前一世紀前半には、カンパニアでは、ほかにも新しい施設が建ち始める。ポンペイでは前七五年前後に常設の円形闘技場が建てられ、今日でもその遺跡を目にすることができる(図10)。クーマやテレジアの円形闘技場も、ほぼ同時期に建てられたものである。

前一世紀半ばには、ルカニアのグルメントゥムやカッシア街道にあるストゥリウムでも円形闘技場が建造されている。前一世紀後半になると、カンパニアでは、アベッラ、カレス、テアヌム・シディキヌムでも円形闘技場が建造されている。だが、保存状態が悪いので、詳しいことは不明である。共和政期のイタリアにおいては、少なくとも一五の円形闘技場が知られており、主としてカンパニアとエトルリアにあった。

図9　イタリアにおける円形闘技場の分布

図10　ポンペイの円形闘技場

帝政期になると、考古学上の遺構を正確に年代確定することはできないが、円形闘技場の建設は増加している。また、文献や碑文で確かめられるものも少なくない。

たとえば、すでにアウグストゥス帝の治世に、中部にあるウンブリアのアシシウムに煉瓦造りの円形闘技場があり、ある人の遺言状でその装備が建造されたという〔CIL, XI 8023〕。また、スエトニウス〔史39〕もタキトゥス〔史40 IV 62, 1〕も言及していることだが、ティベリウス帝の治世のフィデナで、ある解放奴隷によって建造された円形闘技場が粗雑な設計のために観客の大勢集まったただなかに崩壊し、大惨事になってしまったという。

クラウディウス帝の時代にも、プラエネステ（現パレストリーナ）で、ある解放奴隷が円形闘技場の建造に出資していることがわかる〔CIL, XIV 3010 = ILS, 5629〕。さらにまた、ネロ帝死後の内乱期に、プラケンティアの城壁外にあった立派な円形闘技場が焼け落ちてしまった。コロッセウム建造以前であるので「これほど収容能力の大きな円形闘技場はイタリアになかった」〔史41 II 21, 3〕という規模のものだった。この内乱期には、クレモナでもボノニアでも円形闘技場の建造が急がれていた様子がわかる〔同 II 67, 2〕。一世紀後半に、カシヌム市民のために私費で円形闘技場を建造した老婦人ウンミディア・クウァドラティッラのことは、碑文〔CIL, X 5183〕にも『プリニウス書簡集』〔史27 VII 24〕にも語られている。

北イタリアのヴェローナにある名高い円形闘技場は、一世紀半ばに建造されている（図11）。すでに前二世紀には常設の円形闘技場があったカプアでは、フラウィウス朝期に大規模なものが建造された。

図11　ヴェローナの円形闘技場　現在でも夏季にはオペラなどが上演される。

図12　ポッツォーリの円形闘技場　2万8000人を収容したが，その地下設備の遺構は見事である。

このころには地下設備を備えた円形闘技場が出現したので、それに倣ったものである。カンパニアの中心である港町プテオリ（現ポッツォーリ）には、すでに共和政末期に小さな円形闘技場があったが、やはりフラウィウス朝期に大規模な円形闘技場が建造されている（図12）。この遺跡の地下遺構もまたカプア同様に立派な名残をとどめている。

二世紀になると、円形闘技場の建設は前世紀ほど盛んではなくなっている。しかし、それは見世物として重要でなくなったということではない。円形闘技場が新築された都市の数は二〇をくだることはないのだ。フィレンツェの円形闘技場はハドリアヌス帝の時代に建設され、ミラノの円形闘技場も二世紀に建設されたものである。ほかにも、前世紀に新築されたカプアの円形闘技場がハドリアヌス帝によって増築されたように、改修の事例も少なくない。

三世紀になると、さすがに新設の円形闘技場は極端に少なくなる。わずかにローマ東南方にあるアルバノ湖の近くに駐屯した正規軍団のための円形競技場とイタリア北方の沿岸都市アクイレイアの円形闘技場があがるにすぎない。すでに多くの都市に備わっていたし、「三世紀の危機」ともよばれる軍人皇帝時代の乱世にはその余裕もなかったのかもしれない。

イベリア半島の円形闘技場

イベリア半島には、今日まがりなりにも確認できる円形闘技場が二二ほどある。それらのうち一二は明確な遺構があるが〔文24〕、あとの遺構は曖昧《あいまい》な部分がないわけではない。しかし、ここでは、これら二二の円形闘技場はすべて存在していたと考えておきたい。

それらの地図からいくつかのことがわかる。まず共和政期に建設された円形闘技場がきわめて多いという。円形闘技場の歴史としてみれば、これらはかなり早期のものになる。総数では半数の一一（現存するのは二つだけ）がこの時期に創建されている。

イベリア半島がローマの属州となったのは、シチリア島やサルデーニャ島に次いで古い。だから、当然といえばそれまでになってしまう。たしかに、第二次ポエニ戦争後の前二世紀初めに属州となっている。だが、内陸部のケルト系先住民の抵抗は根強く、半島全域が併合されるのは前一世紀後半を待たなければならなかった。

とはいえ、南部を流れるガダルキヴィル川の渓谷と地中海沿岸部は前二世紀から平穏で肥沃な地域であった。このために共和政期に創建されたとはいえ、円形闘技場の大半はこれらの地域に集中しているのが目立つ。

それにしても帝国全域でみれば、意外に少ないことは特筆される。そもそも前二〇六年にカルタゴ・ノヴァで、父と叔父の五年前の戦死に名誉を捧げるために、スキピオが記念の剣闘士競技（munera）を開催しているのだ。英雄のごときスキピオは先住民の兵士たちにも熱狂的に支持された。だから、剣闘士競技のようなローマ人の慣例が、抵抗なく受け入れられたのはうなずける。しかし、そのような適応も全体としてみれば、地中海沿岸部と南部の諸都市にかぎられているのである。

その理由としては、内陸部のケルト系先住民が都市集落化しなかったことがあげられる。都市の周

図13　メリダの円形闘技場　1万5000人を収容した。

図14　ローマ時代のタラゴーナ（復元想像図）　海岸に円形闘技場がある。

図15　ローマ時代のアルル　北門の近くに円形闘技場がある。

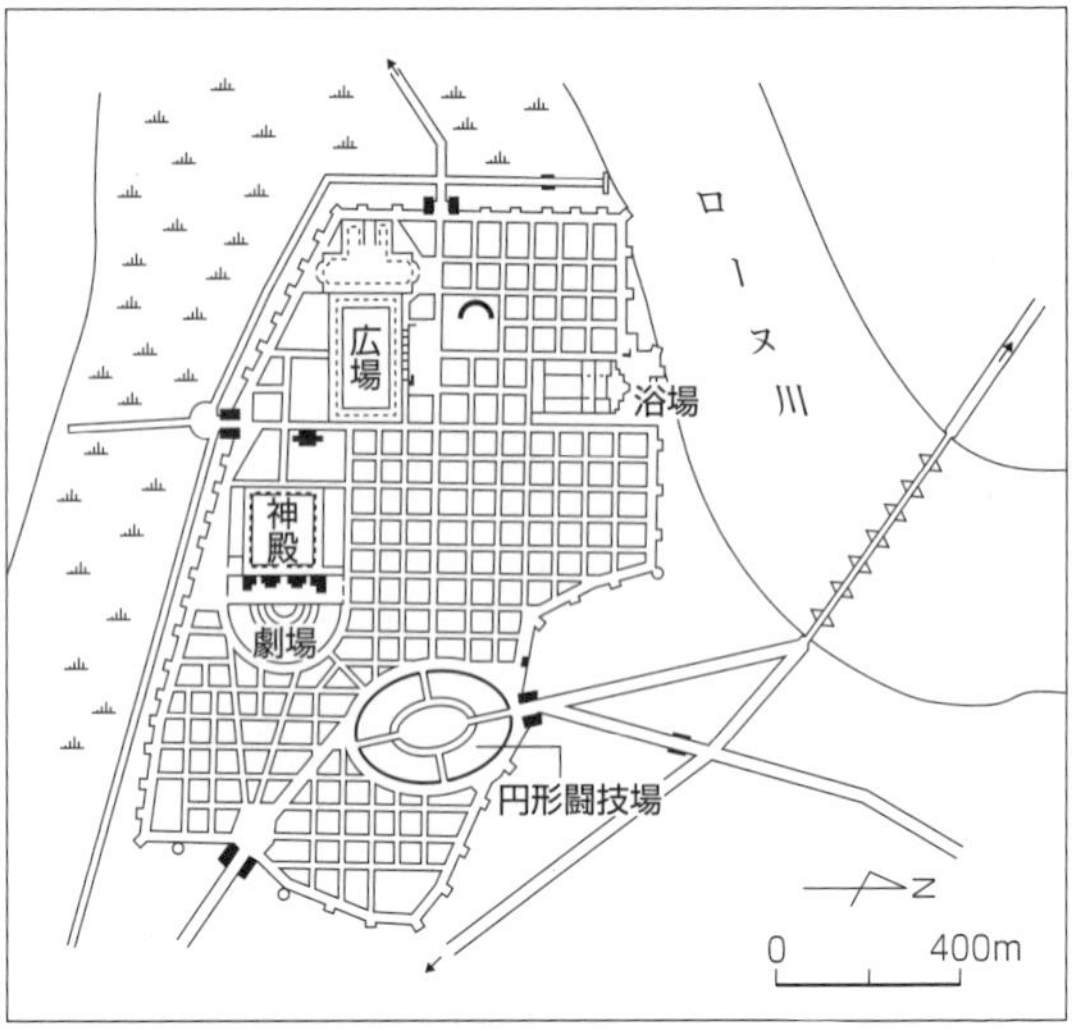

図16　アルルの円形闘技場　今でも夏季には闘牛が開催されることもある。

辺部にも先住の部族民集落《キウィタス》がしぶとく生き残っていたのだから〔文75〕、内陸部の事情は推して知るべしであろう。そこには剣闘士競技を見つめる民衆のまなざしが感じられるのではないだろうか。やはり闘技場の熱狂をもたらすには群集がいなければならないのだ。それは都市という大規模集落が生み出すのである。

代表的な事例として、南部のイタリカの円形闘技場がある。ハドリアヌス帝の故地である都市の円形闘技場はイベリア半島最大規模であり、三万四〇〇〇人を収容できたという〔文24〕。もうひとつの事例としては地中海沿岸東部にあるタラッコ（現タラゴーナ）の円形闘技場がある。ここは都市の周壁外の海岸沿いにあるが（図14）、属州行政の中心地として、すでにアウグストゥス帝の時代から、帝国の慣例に積極的に寄り添う姿勢を明らかにしているのだ。

ガリアの円形闘技場

西ヨーロッパの中心をなすガリアでは、今日七二の円形闘技場が確認される。それらのなかでも、早くも前二世紀には属州となった南部のナルボネンシスには、一六の円形闘技場がある。そのなかの一例を除けば、すべてが典型的な円形闘技場である。アルルやニームのものは保存状態もよく、観光資源としても活用されている（図16・図17）。

一例を除けばといったのは、ローヌ川の渓谷にあるウィエンナのものである。これは闘技場と劇場を兼用した混成型のものであるのだ。この混成型が南部ではほとんどないのに、ガリア全体では目立って多い。しかも、属州ガリアの中心をなすルグドネンシスには、総計三〇の円形闘技場があるが、その大半の二一がこの混成型のものである。

もちろんガリア全体を総監するルグドゥヌム（現リヨン）の円形闘技場は典型的なものである。だが、たとえばルテティア（現パリ）は混成型のものであり、この型での最大規模の一万八〇〇〇人を収容したという（図18）。しかし、これは特例であり、標準としてみれば、七〇〇〇人を迎え入れるほどの規模であった［文24］。

これらの混成型は次のように特徴づけることができる。そこには劇場のように舞台がありながら、その前面にある合唱隊席あるいは貴賓席と観客席《オーケストラ》とのあいだには明確な仕切りの柵《ポディウム》壁が設けられているのである。だから、合唱隊席あるいは貴賓席は闘技のための小さな舞台《アリーナ》になるのだ。

ところで、なぜ混成型の円形闘技場はガリア北西部に集中してみられるのだろうか。ここでイベリア半島の事例と比較してみると、興味深いことに気づく。すでに述べたように、イベリア半島の北西部では、ケルト系の部族民集落が根強く残存し、剣闘士の見世物のようなローマ文化になじむところがなかった。もちろん、彼らが都市規模の集落をなさなかったこともあるが、群集のまなざしをもたなかったことを指摘しておいた。

しかしながら、ガリア北西部でもやはり都市化は進まず、部族民集落が根強く散在するという事情は変わらないのである。どうして、イベリア半島とガリアとの差異が生じるのだろうか。それをめぐっては、宗教上の聖域との関連が考えられている［文24］。というのも、これらの混成型の円形闘技場

図17　ニームの円形闘技場　アルルと同じ建築家が建てた。

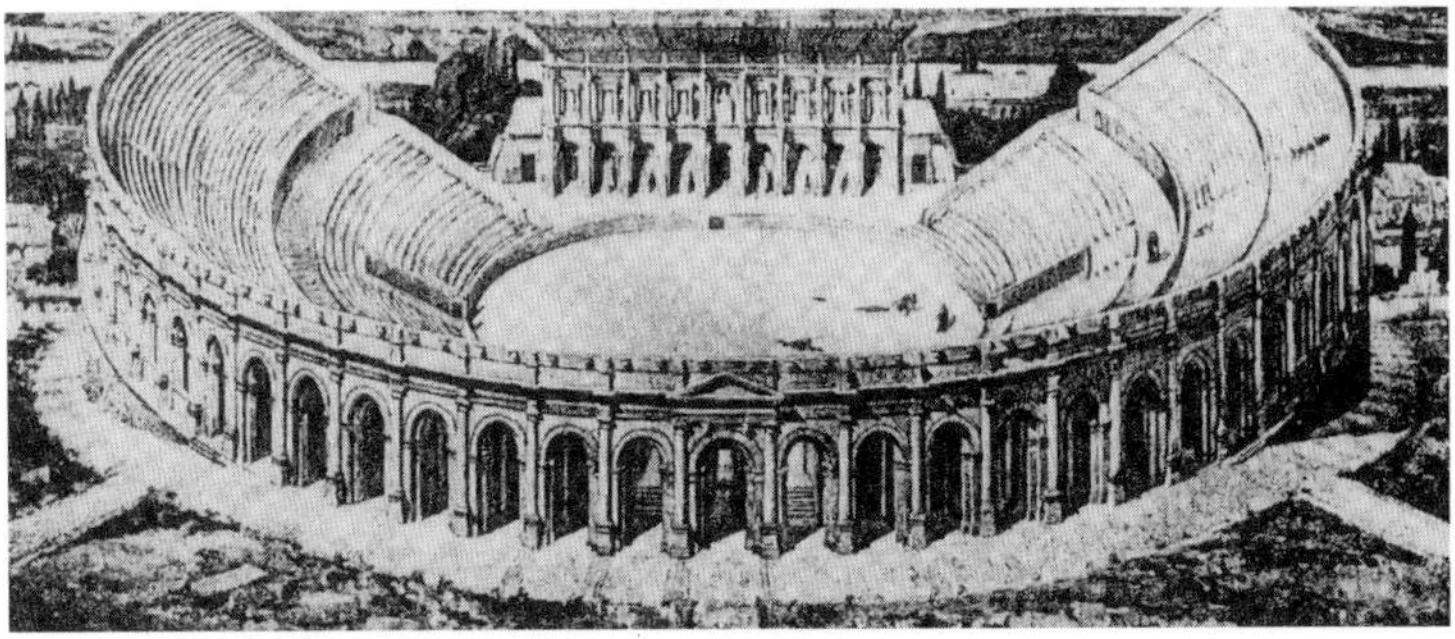

図18　パリの円形劇場（復元想像図）　劇場と闘技場の混成型。

の多くが自然の地形を利用した崖縁《がけふち》に設けられているのである。そこには厳かな儀式にともなう音声効果があったのであろう。

これらの混成型の円形闘技場は散在する部族民集落の要をなす首邑《しゅゆう》にあり、その中心に位置している。ガリア人にはドルイド教の伝統があり、その民族宗教への固執にはローマ帝国もほとほと手を焼いた形跡がある。もともとローマ人は先住民の宗教には寛容であったが、聖職者が抵抗運動や反乱を率いるとなれば話は別である。それとなくドルイド教への反感がめばえていくことは想像に難くない。とくにネロ帝死後の内乱期（六八〜六九年）には、ガリア出身のウィンデクスが反ローマ感情むきだしの旗揚げをした。それが多くの人々の反感をあおったのかもしれない。

管轄するローマ人あるいは親ローマ派のケルト人の手で、これらの聖域がローマ文化のわかりやすい象徴となる円形闘技場を模倣して改造されたのであろう。注目されるのは、内乱が終息したフラウィウス朝期に、少なくとも一一の円形闘技場がガリアで創建されたことである。偉大なるコロッセウムの建造はこの地では比類ない政治的恭順の意を誘い出したのである。

北方辺境地域の円形闘技場

ローマ帝国のユーラシアにある北方辺境は、ほぼライン川とドナウ川に沿っている。現在のドイツ、オーストリアから東欧諸国を含む地域である。これらの地域に、今日のところ二八の円形闘技場が確認されている。

これらの円形闘技場の分布をながめれば、都市集落の形成に寄り添ったものではない。たしかに南下してアドリア海沿岸部に近づけば、明らかな都市集落であるイアデル、アエクウム、サロナエ、エピダウルムがあり、そこには円形闘技場がある。これら四つの都市の成立は、いずれもローマ征服以前にさかのぼる。ローマ支配下に入ると、かなり早期に都市の最上級格である植民市として認められている。サロナエにいたっては、属州ダルマティアの首都であり、六万人の住民がいたという。さらに、アドリア海の対岸はイタリア半島であるから、そこに円形闘技場があっても驚くほどのことはない。

しかし、これらの都市を除けば、北方辺境地域の諸属州では、円形闘技場の建造には際立って目を引く点がある。それらは軍事施設に深く結びついているのだ。なによりも、円形闘技場の大半は国境《リーメス》に沿った軍司令部や要塞にともなって建造されている。むしろ軍事施設の一部として建造されたといってもいいかもしれない。

たとえば、ドナウ川上流域にあるカルヌントゥムを見てみよう(図19)。そこに軍事基地が設けられたのはティベリウス帝の時代である。この地域に支配地が拡大される時代のなかでは初期にあたる。最初の円形闘技場は木造であり、おそらく一世紀前半に建てられたものであろう。次に石造の円形闘技場が建てられたのは、一二四年にハドリアヌス帝がこの地を訪れたころである(図20)。軍事施設の拡充にともなって、その周辺で働く民間人が増えていた。そこで、これらの民間人の娯楽施設としても求められたのである。

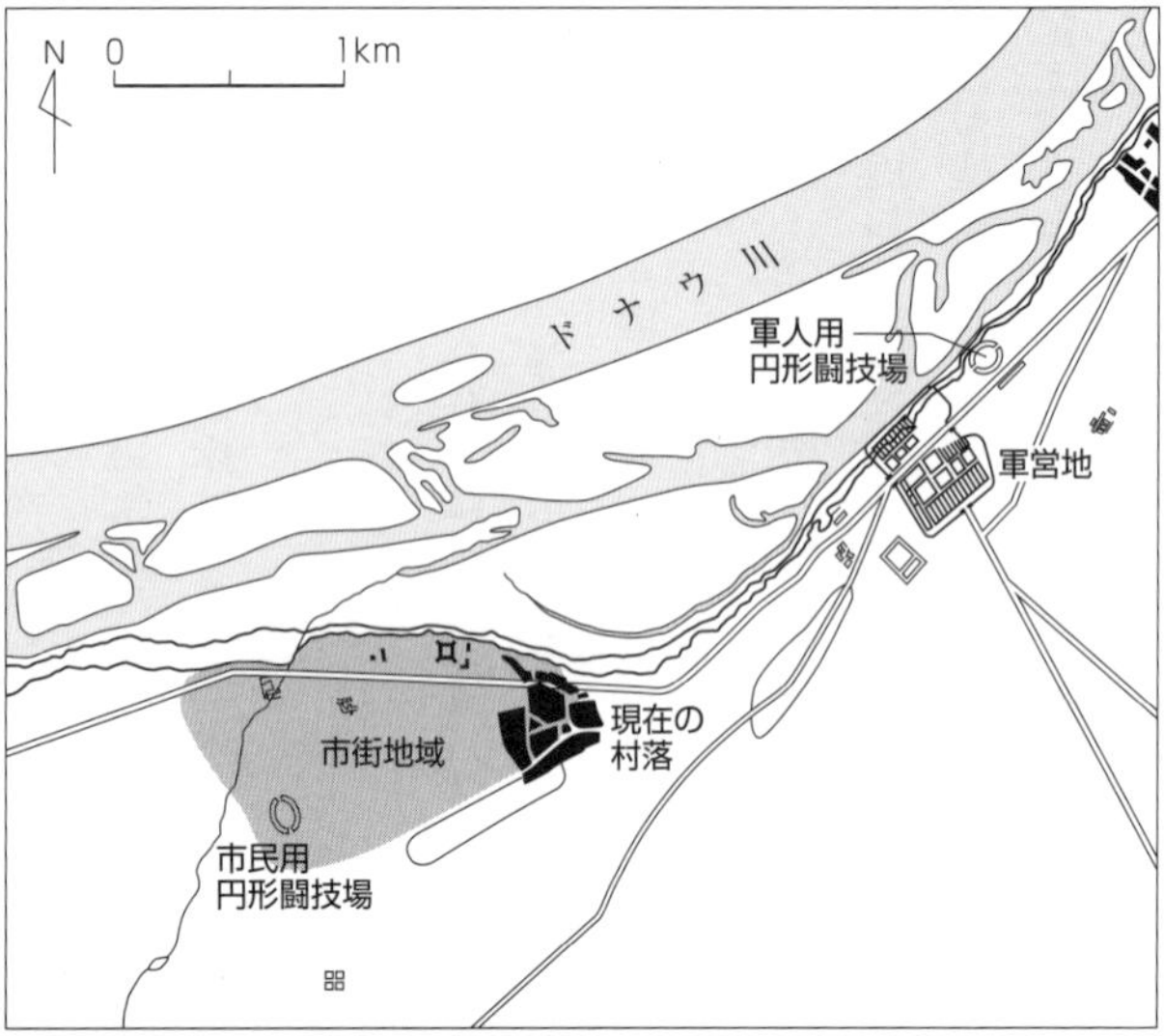

図19　ローマ時代のカルヌントゥム

図20　カルヌントゥムの市民用円形闘技場　空から見ると道路に沿って住居跡がはっきり見える。

同じことはアクインクムについてもいえる。すでにティベリウス帝の時代に軍事基地が設けられ、最初は兵士が観戦する木造の円形闘技場が建設された。トラヤヌス帝の治世に自治市に昇格したことを祝賀して、民間人向けの円形闘技場が建造されている。やがて二世紀半ばのアントニヌス・ピウス帝の治世に、石造の円形闘技場が姿をみせたのである。

ほかにも戦略拠点ではなくても、軍事上の兵站《へいたん》や情報伝達の必要から、ローマの幹線道路沿いに設けられた軍需施設もある。そこに住む兵士のために円形闘技場が建造されることもあった。

こうしてみれば、北方辺境地域の円形闘技場は、都市集落の享楽施設としてだけ建造されたわけではないことが明らかになる。軍事拠点に民間人が集落をなすほどの規模になれば、市民用の円形闘技場が建造される場合もあった。だが、辺境地域ではそれ以前に兵士たちのための円形闘技場があったのである。そのことの意味は、海を渡ったブリタニアにおいても似通っているので、そこであらためて考えることにしよう。

ブリタニアの円形闘技場

現在のイギリスにあたるブリタニアは、四三年のクラウディウス帝治世下にローマの属州に編入された。この地で確認される円形闘技場は少なくとも一九を数える。これはイベリア半島に比べると、地域の規模を考慮すれば、かなり多いといえるだろう。

どうみても地中海沿岸地域とは異なるブリタニアにおいて、なぜ円形闘技場がこれほど建造されたのであろうか。しかも、ガリアのような混成型は少なく、ほとんどが典型的な円形闘技場であるのだ。その理由として考えられるのが、北方辺境地域で顕著であった軍事拠点との結びつきである。

ブリタニアにおけるローマの本拠地はまずカムロドゥヌム（現コルチェスター）であった。まもなく本拠地はロンディニウム（現ロンドン）に移されている。これらいずれにも円形闘技場が建造されたことはいうまでもない。とくにロンドンについては碑文史料も残されており、軍事施設専門の建築家や技師が担当し、それなりの人力が動員されたことが示唆されている［文24］。また、コルチェスター出土の陶器の図柄は目を見張るものがあり（図21）、剣闘士競技への熱意を語ってあまりある。

やがてケルト系先住民の抵抗運動が後退するにつれ、前線基地は北方のエボラクム（現ヨーク）とデウァ（現チェスター）、および西方のイスカ（現ケーレオン）へと前進している。ところが、チェスターとケーレオンでは円形闘技場が見つかっているが、不思議なことにヨークにはまだその痕跡がない。だが、これは証拠が見つからないといえるだけであり、多くの研究者はヨークにも円形闘技場があったと考えている。

先に「少なくとも一九」と断ったのは、ヨークの事例を念頭においたからである。だが、ヨークのような大規模要塞都市ですら痕跡が見つからないのだから、規模の小さな軍事拠点にも円形闘技場があったことは十分に想像しうることである。だから、二〇をかなり超える数の円形闘技場があったことは、おそらくまちがいないだろう。

ところで、これらの軍人向けの円形闘技場とはいかなる効用があったのだろうか。「ローマの平和《パクス・ローマーナ》」

図21　陶器に描かれた剣闘士競技（コルチェスター出土）　網闘士（右）と追撃闘士の対戦。

図22　ローマ時代のロンドン（復元想像図）　手前の四角い要塞の近くに円形闘技場がある。

が謳われた時代であるから、国境防衛の前線とはいえ、戦闘が頻繁に起こっていたわけではない。兵士たちの士気がたるみがちになるのは自然のなりゆきであった。そのような兵士たちには、生命の危険を賭す戦いがあることを思い起こさせなければならなかった。

それには流血にいたる剣闘士競技を見せることはなによりも教訓となる。いわば、軍人としての意気込みをあおり、戦闘の規範を自覚させることこそ、これらの円形闘技場の効用であった。それは享楽のためよりも、戦闘場面を恐れず戦闘意欲を昂揚させるためであり、軍事教練と武器使用の実践を示す絶好の機会であった。円形闘技場のアリーナは軍人魂を肝に銘じさせるにあたって、またとない舞台であったのだ。

このような要塞などにある軍人向けの円形闘技場が大半であっても、ブリタニアにも都市のなかの円形闘技場もないわけではない。南東部のドゥロウェルヌム（現カンタベリー）やウェルラミウム（ロンドン北西の近郊地）には闘技場と劇場を兼用する混成型の円形闘技場が形跡を残している。そこには、やはりローマ支配以前のケルト系部族民の宗教儀礼が根強かったことを感じさせる。それらもやがてローマ文化に染まりながら、市民の娯楽施設となっていったのであろう。

また、コルチェスターやロンドンが軍事基地としての役割を希薄にしていくにつれ、円形闘技場が都市集落の享楽の場となっていたことはいなめない。とりわけロンドンはブリタニア全域を総監する首都であり、兵士のみならず民衆の多くが観衆となっていたことが想像できる［文6］。こうしてみると、ブリタニアでは、初期には軍人向けの円形闘技場として建造されながら、やがて多様な観客を集める施設へと変貌していく様が浮かび上がるのである。

北アフリカの円形闘技場

北アフリカでもまた、ローマ軍団が剣闘士競技をもたらしている。ある程度の集落規模の都市には円形闘技場らしきものがみられたが、当初のころは木造のものだったにちがいない。

前一四六年のカルタゴ滅亡後、北アフリカはローマの覇権《はけん》下に入り、属州となった。かつてカルタゴに次ぐ第二の都市であったウティカは新しい属州を統轄する首都になる。ローマ軍団の駐屯地であり、ローマ市民の入植も進んでいく。すでに前二世紀末から、広場、神殿、公衆浴場とともに、円形闘技場も備わっていた。

滅亡後からほぼ一世紀を経て、カエサルはカルタゴの復興に着手する。もちろんローマ都市としての再建であるから、円形闘技場もつくられている（図23）。今日では砂場のアリーナと観客席の土台部分だけが残存するが、かなりの規模があり、三万六〇〇〇人を収容したという。

このアフリカ大陸の地中海沿岸部は、現代よりもはるかに豊穣な地域であった。小麦、イチジク、ブドウなどがたわわに実り、諸都市も繁栄していく。それにつれて、木造の円形闘技場は石造のものに代わり、立派な建造物も姿をあらわす。土台だけが残るカルタゴのものもおそらく二世紀に建てられたが、もっとも名高いのがティスドルス（現エル・ジェム）の円形闘技場である（図24）。残存するもののなかでは、ローマ、ヴェローナに次ぐ帝国第三の豪華な規模を誇り、カルタゴの円形闘技場もほ

図23　ローマ時代のカルタゴ（復元想像図）　上方に円形闘技場がみえる。

図24　エル・ジェムの円形闘技場

ぼ同様の規模であった。

ローマ帝国全土はいわゆる「三世紀の危機」とよばれる深刻な政治・経済・社会の混乱がみられたという。その「危機」について研究者のあいだでは、大小の評価の差があるが、戦乱にともなう混乱があったことはいなめない。だが、少なくともここ北アフリカではそのような深刻な事態にはならず、むしろ繁栄しつづけていたともいわれる。そのために、この時期までに豊かな都市のほとんどに円形闘技場が備わり、その都市の数は三六ほどであった［文39］。地理的分布をみれば、これら円形闘技場の大半は旧カルタゴ領（ほぼ現チュニジア）にあったことがわかる。

北アフリカには数多くの豪華なモザイクが残っている。それらをながめれば、剣闘士の戦いの場面が描かれていることが期待される。だが、意外とその数は少ない。むしろ野獣狩りを想定させる図像が目につく。筆者の印象では、場所柄、猛獣や珍獣が捕獲しやすかったので、ほかの地域よりも野獣狩りが盛んであったのではないかと推測する。

東方諸属州の円形闘技場

ギリシア語が通用する東方世界では、ローマの支配下に入る以前には、剣闘士の見世物は知られていない。わずかな例外として、前一六六年にセレウコス朝のアンティオコス四世がアンティオキアで剣闘士競技を実施したことがわかっている。彼は若者のころ王弟として人質になりローマで暮らしたことがある。だから、剣闘士競技が勢威の誇示に有効であることを理解していたのだろう。リウィウスによれば［史16 XLI 20, 11-13］、アンティオキアでは常設の見世物として開催されていたともいう。

小アジアの有力都市エフェソスでは、前六九年に最初の剣闘士競技が開催されている。だが、小アジアを中心とするギリシア世界で広く普及し人気になったのは、帝政期になってからであり、しかも二世紀に目立ってくる。しばしば祝祭、とりわけ皇帝礼拝の諸行事と結びつく催しだった。

碑文学の泰斗ルイ・ロベールによれば、剣闘士競技の開催日として、二日（アンティオキア、セルディカ、ニコポリス）、三日（テッサロニケ、マグネシア、イリオン）、四日（ゴルチュン、サガラッソス）、五日（エフェソス）、六日（トミス）、八日（アンティオキア）、十二日（ミレトゥス）、十三日（エフェソス）の事例があげられる。そのような範囲で通常は開催されたが、なかにはアンキュラで五一日にわたって開催された途方もない事例もある［文53］。

これらの事例は剣闘士興行の盛んさを物語っているが、それも都市上層民がローマ帝国における自分たちの立場を確かなものにするためだったとも考えられている。しかし、ローマ文化に抵抗していたロードス島では、もともとローマ市民は少なく、剣闘士競技が開催された形跡はまったくない。また、アテネでも開催されたが、ローマの覇権に倣おうとするコリントに対抗するためだったという。ローマ文化に同化しようとする度合が都市により異なり、その温度差が剣闘士競技の開催をめぐる態度の違いをもたらしたのである。

ところで、ギリシア語圏の東方諸都市には、剣闘士の見世物をもっぱらとする建造物はほとんどない。例外として、地誌や碑文のなかで二例が確認されるにすぎない。すでに一世紀において、リュディア地方のニュサとリュコス地方のラオディケイアで円形闘技場が設けられたという。しかし、ギリシア語表記の円形闘技場《アンフィテアトゥロン》という言葉は曖昧であり、剣闘士競技の専用舞台を示す考古学的遺跡としてはなにも確認されていない。

東方諸都市では、剣闘士の見世物のためには、これまでの施設で事足りていたのである。というのも、ギリシア語圏の都市には劇場施設が備わっていたので、それらの多くが転用されたからだ。かつてギリシア語圏では剣闘士興行は盛んではないという議論があった。だが、それはこの事実を見過ごしていたにすぎない。碩学《せきがく》の名著はこの事実を掘り起こしたのである［文53］。

アテネでは、アクロポリス丘の斜面を利用したディオニュソス劇場が剣闘士競技のために転用されたという。エフェソス、アフロディシアス、アッソス、ヒエラポリスでも、劇場が剣闘士の見世物のために活用されている。それを示唆するかのように、エフェソスでは、劇場の近くにある柱廊の内側に剣闘士をめぐる落書きが残っている（図25）。

さらに、エフェソスでは運動競技場もまた剣闘士競技のために活用されたらしい。もはや運動競技のために使用されることはなかったので、あらためて円形闘技場の舞台を設けるまでもなかった。同じような事例は、アフロディシアスでもみられるのである。

このような劇場や運動競技場の転用の背景には、それらの建設のためにだけでも莫大な費用を要していたことも忘れてはならない。二世紀初頭のトラヤヌス帝の治世に、小アジアのビュティニア総督となった小プリニウスは、皇帝にこう報告している。

図25　エフェソスの円形劇場　闘技場を兼用した。

主よ、ニカエアの劇場はすでにあらかたできあがっていますが、まだ未完成です。聞くところによると——というのも、この事業の会計検査はまだおこなっていません——一〇〇〇万セステルティウス以上も呑み込んだ由です。これが、空費になったのでは、と恐れています。〔史27 X 39〕

今わかりやすくするために、一セスティルティウスを五〇〇円と想定すると、未完成でもこれまで五〇億円を要したことになる。脆弱《ぜいじゃく》な財政基盤でしかなかった古代社会にとって、それがいかばかり重い負担になるかはいうまでもない。

西方世界よりも遅れて剣闘士興行が広がった東方世界で、既存施設の改築・転用はむしろ自然のなりゆきであっただろう。どれほどローマ文化を嗜好したかには程度の差がある。しかし、ギリシア語圏の東方諸都市では、二世紀を極みとして剣闘士の見世物は盛んであったといってもいいだろう。

それはそれとしても、ルイ・ロベールが指摘するように〔文53〕、あくまでギリシア語圏の東方諸都市であり、オリエント世界全域の諸都市が剣闘士の見世物に馴れ親しんだわけではない。しかし、碑文史料が示唆するところに注目すれば、ギリシア人はこのローマ人の見世物文化を迎え入れたことがわかる。かつて想像されていたところとは異なり、ギリシア人がなんら嫌悪感をいだいたわけではないのだ。

円形闘技場の構造

ローマ帝国全域における円形闘技場の分布について素描してきたが、その建造物についてもう少し

都　市	年　代	長　軸	短　軸	長軸と短軸の比
ポンペイ	前75年頃	140　m	105　m	1.33
スートリ	前１世紀中頃	84　m	74　m	1.13
ルチェーラ	アウグストゥス期	131.2m	99.2m	1.32
メリダ	前８年	126.3m	102.6m	1.23
シラクーサ	１世紀初頭	141　m	118.5m	1.19
ヴェローナ	１世紀前半	152.5m	123.2m	1.23
ポーラ	１世紀前半	132.4m	105.1m	1.25
ローマ	79/80年	187.7m	155.6m	1.22
ポッツォーリ	フラウィウス朝期	149　m	116　m	1.28
ニーム	１世紀後半	133　m	101.4m	1.31
カプア	100年前後	170　m	140　m	1.22
アルル	１世紀末〜２世紀初	136.1m	107.8m	1.26
エル・ジェム	２世紀前半	150　m	125　m	1.20

表１　ローマ帝国の代表的円形闘技場の規模（［文67］による。一部修正）

検討してみよう。そのためには、おのずから保存状態の良好な恒久的な施設に注目しなければならない。そこで、それらの代表的な円形闘技場の規模を列挙しておこう。競技の舞台となるアリーナは通常は楕円形をなしており、その現存する遺構の成立年代、長軸と短軸の長さ、および両者の比率を記しておく（表1）。

すでに前二世紀には、カプアやポッツォーリには円形闘技場があった形跡がある。だが、そのあとに大幅に改修されたのであろう。そのため、現存する最古の円形闘技場はポンペイのものである。この現存する遺構をみるかぎり、ポンペイの円形闘技場には地下の遺構がない。おそらくカプアやポッツォーリの円形闘技場も最初のものには地下施設がなかったのであろう。それを備えれば、見世物の演出が人目を喜ばせるものになったのである。このために、カプアやポッツォーリでは大規模な改修工事をおこない、地下施設を設け、その上にアリーナと観覧席を造成したのである。

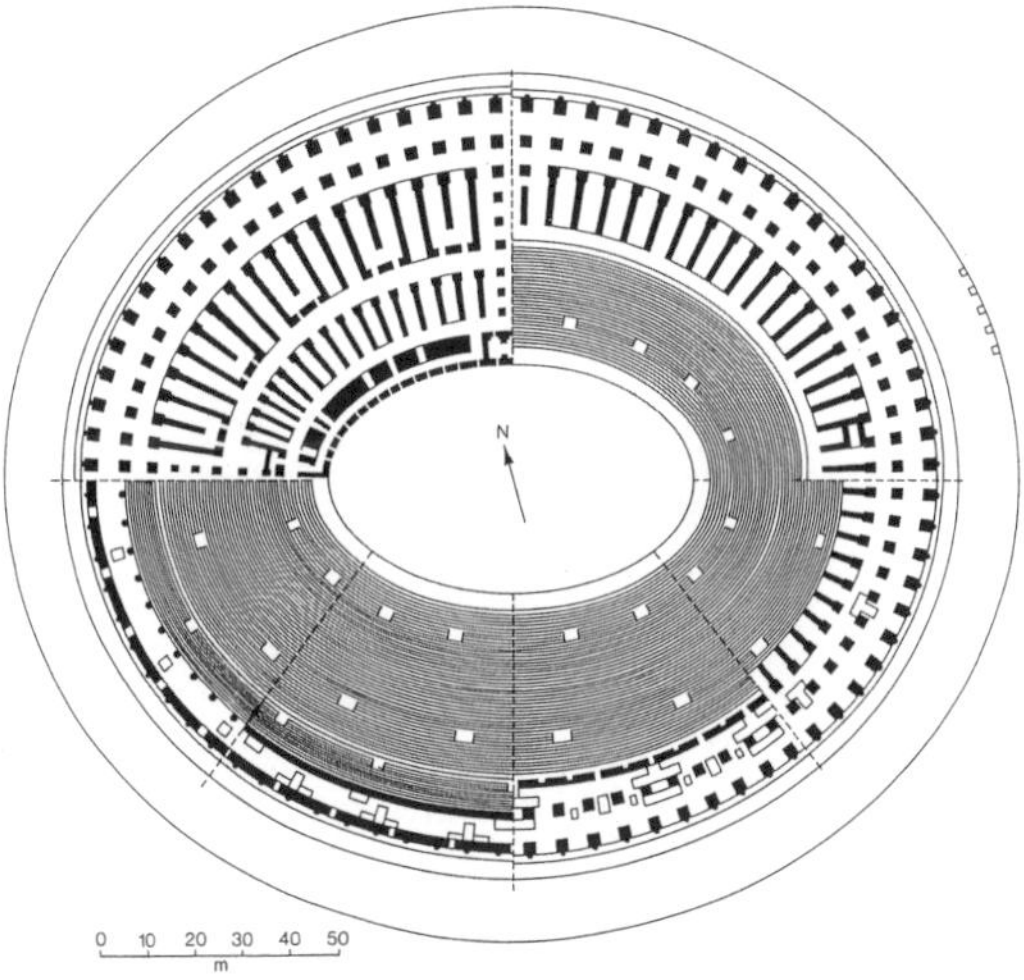

図26　コロッセウムの平面図

図27　コロッセウムの地下遺構

ポンペイのような古い円形闘技場のアリーナは硬い地面であったが、帝政期につくられたものの多くは木製の土台であった。その上に砂《アレーナ》が敷き詰められていた。そこから舞台《アリーナ》という名でよばれるようになったのである。

ローマのコロッセウムの観覧席から見下ろせば、楕円形の中央部は地下施設《ヒュポゲウム》が丸出しになっている(図27)。ここは数多くの部屋と通路が入り組んでいるのだ。それぞれの部屋には舞台装置、小道具などがあり、衣装や装備を身に着ける部屋もあった。通路には剣闘士用のもの、猛獣用のもの、職員用のものがあった。舞台に登場するために、人間も動物もリフトで持ち上げられることもあった。それは舞台に劇的な効果をもたらし、観衆を驚かせるのである。

アリーナを取り囲む柵壁《ポディウム》の背後には、いくつもの控え室があり、しばしば回廊も走っていた。とくに地下施設のない円形闘技場では、そこに技術装置、檻、武器などが保管されていた。

柵壁そのものは、観衆の安全を確保するためである。剣闘士が暴動したり、猛獣が襲いかかったり、そのような危険はいつでもあった。壁の高さは低くても二・二メートルはあり、なかには四メートルになるものもある。それでも危険であれば、壁の上に網が張りめぐらされる場合もあり、また、柵壁の前面に網をめぐらして障壁をつくる場合もあった。

ジャンプ力のある猛獣もさることながら、捕虜や犯罪者のような剣闘士からは目を離せなかった。彼らには舞台《アリーナ》に登場するまで尖った武器は渡されなかった。志願してなった者にはそうした制限はなかったようである。また、さらに安全を期すために、要所要所には立ち番の兵士がいた。

観衆の側はどうだったのだろうか。五九年のポンペイの暴動を例外とすれば、フーリガンのような観衆の蛮行は戦車競走場や劇場での騒動よりも少なかったらしい。というのも、円形闘技場にはそもそも観衆が暴発する要因が低かったのである。戦車競走場には青組、緑組、赤組、白組の応援団がおり、劇場には喝采団〔史40 Ⅰ16〕がいた。これらがしばしば騒動の原因になっていたからである。もちろん、剣闘士個人を応援する者もあり、特定の武装をした剣闘士を応援する者もいた。だが、組織された応援団や喝采団ではなかったので、大きな騒乱は稀だったのである。

第二章——

生死を賭ける剣闘士

1　剣闘士の誕生

剣闘士の徴集

見世物としての剣闘士興行があらわれたのは前二世紀のことである。そのころ剣闘士の武装型は二種類だけだった。サムニウム闘士（Samnites）とガリア闘士（Galli）である。イタリア半島の山岳部族としてローマ軍に抵抗した勇猛なサムニウム兵士がおり、北方にはいくたびもローマ国家を脅かした屈強のガリア兵士がいた。どちらもローマ軍に連行された捕虜であり、彼らはそれぞれ祖国の兵士としての武装で出場したのである。ここから明らかなように、剣闘士の出自を起源までさかのぼれば、まずなによりも戦争捕虜であった。

前一世紀になっても、同じような事情がひそんでいた。すでに前一四六年にマケドニアは属州として編入されていたが、その東の辺境に隣接するのはトラキアであった。トラキア部族民は襲撃をくりかえし、それを機に果敢にローマ軍は報復するのだった。同盟する部族もあり、保護王国となる場合もあった。そのような争乱のなかで、戦争捕虜になってしまう者も少なくなかっただろう。こうしてトラキア闘士（Thraex）が登場する。

このトラキア闘士については、名高い奴隷反乱の統率者スパルタクスが好例である。歴史家フロールス〔史10〕によれば、スパルタクスの経歴は「トラキア人傭兵、兵士、逃亡者、強盗、剣闘士」というから、ローマとトラキアとの戦争で捕虜になったか、ローマ補助軍の脱走兵で捕まったかであろう。前七三年、カプアの剣闘士養成所で蜂起した脱走者たちは、奴隷の大群を引き連れてイタリア半島を脅かしたが、二年後に鎮圧されてしまう。いわゆるスパルタクスの反乱である。剣闘士時代のスパルタクスは、たぶんトラキア闘士であったにちがいない。

サムニウム闘士、ガリア闘士、トラキア闘士のような民族の武装をした者は戦争捕虜であっただろう。だが、それだけが剣闘士の供給源ではなかった。まずは罪人がおり、その処罰の期間を鉱山か見世物興行かで過ごさなければならなかった。剣闘士養成所に送られた者の多くは、見世物の座興としていろいろな武器をもたされたり、さまざまな格好をさせられたりした。これらの罪人が生きて刑期を終える可能性はほとんどなかっただろう。そもそも「見世物に断罪される」とはかなりの重罪人とみなされていたのである。彼らはほとんど訓練されることもなく、身を防ぐ用意もないままだった。だから、競技の舞台《アリーナ》が処刑場であった、と考えてもよかった。

戦争捕虜や犯罪者とともに、しばしば奴隷もまた剣闘士の見世物に送り出されている。奴隷のなかには、反抗的であったり、憎々しげだったりする連中もいた。それらの輩《やから》は売りに出されたり、興行師《ラニスタ》や剣闘士養成所に差し向けられたりした。たとえば、「町の広場から広場へと渡り歩く剣闘士教練師に売りとばした」［史39「ウィテリウス」］とか「専門の剣闘士として養成されていた奴隷の一群」［史40 III 43, 2］とか、じかに言及されることがある。また、奴隷の売却をめぐる判断はあまりに恣意《しい》的すぎるとしてハドリアヌス帝が制限したことがあり、そこにも暗示されている。奴隷になんらかの罪があることが確認されないかぎり、奴隷の売却を禁じたのである［史38］。

意に反して剣闘士になるように強制することには、たとえ奴隷であっても無言の抑制があったにちがいない。そのような雰囲気のなかでハドリアヌス帝が奴隷の剣闘士売却を禁じたにしても、誰にも異存なかっただろう。だが、それは公の建前にすぎなかった。実情はおそらく剣闘士として訓練される者の大半は奴隷市場でかき集められていたにちがいない。

キケロは政敵を非難するなかで「奴隷市場から選び出すことすらせず、強制労働監獄から買い集めた者たちに剣闘士の名を与えて、一方はサムニウム闘士、もう一方は挑戦闘士というふうに籤引《くじびき》で決めた」［史7「セスティウス弁護」］と語っている。もちろん法廷弁論であるから、比喩として非難する場合の誇張がある。むしろ浮かび上がるのは奴隷市場からの徴集がなかば公然であったことである。だから、キリスト教の護教作家テルトゥリアヌスが「たしかに無実の剣闘士が訓練所にやってくる」［史46 XIX 4］ともらすのは当然のことであった。

マルクス・アウレリウス帝時代に価格規制が入る以前には、奴隷の年齢や外見などに応じた値段があるのはなかば公然のことであった。じっさい、修辞学者セネカは「もっとも優れた、もっとも価値ある剣闘士は美形の者である」と語っている。また、剣闘士の等級を区別して「凡庸なる群れ、未熟者、上級者、最上級者、端麗者」の順にあげる碑文［CIL, II 6278］もある。

そもそも、剣闘士は生命の危険にさらされ、売春婦のような社会の最下層の人間とみなされていた。誰かを剣闘士よばわりすれば、それは相手に罵詈雑言《ばりぞうごん》をあびせるも同然だった。だから、捕虜でも犯罪者でも奴隷でもない自由民が剣闘士になりたがることなどほとんどありえなかった。若い息子を亡くした母親をなぐさめながら、セネカは気休めに「このまま大人になっても、運が尽き果て、剣闘士として戦うしかないところまで身をやつしてしまったかもしれない」と慰めている。そこには、当時の人々が剣闘士を最下等な人間とみなしていたことが明らかである。

ところで、このセネカの発言からもうかがえるように、現実には逆に自由人が剣闘士に身をやつすことが起こっていたのである。それは捕虜になったからでも、罪人になったからでも、奴隷身分に降格されたからでもない。財産を使い果たし、多額の借財をかかえて余儀なく身を投じる場合もあっただろう。だが、この生命を危険にさらす戦いのスリルにことさら心惹かれる者も少なくなかったという。ある学者［文29］が試算するところでは、剣闘士養成所に入ることを認められた者一〇人のうち少なくとも二人は自由身分の者であったという。これは驚くべき数字であり、いささか不可解でもある。本当にありえたことであろうか。

そもそも自由身分の放棄は個人が決意したからといって認められるわけではなかった。公職者の前に出て、興行師《ラニスタ》か主催者《エディトル》かの立会いのもとで、雇用価格を明示しながら、契約が成り立つ。おそらく公衆の面前で新入りが認められる儀式があった〔史36「かぼちゃになった王様」〕。そこでは鞭打ち刑罰による肉体に刻まれた跡が公開され、それは恭順の意を示すものだったかもしれない。

公認される理由として破産状態というのはもっともなことである。だからといって役人がいずれも認めたわけではないだろう。剣闘士になる契約の内容が重視されたので、斡旋人や興行主の立会いが求められたのである。さらに、当事者にしても、破産したから命がけの剣闘士になるという決断が、おいそれと誰にもできたわけではない。生きて再び帰れない危険が高いのである。

修辞学のテキストのなかには破産し家族を窮地に追いやった友人の身代わりに剣闘士になるという話がある〔史31 CCCII・33 IX〕。この美しい友情物語の例が示唆するように、自由身分の放棄は法ではなかなか認めがたいことであったようだ。だから、その理由付けのための議論をいかに運ぶかに弁論者の技量があると考えられていたのだろう。もっとも、伝えられるところでは、運試しに〔史5 L〕であるとか、前述したように、危険のスリルそのものの魅力に抗しがたく〔同 LIII〕身を投じるとかがある。だが、これらがありふれた出来事だったとは思えない。稀に見聞されたことだから、もの珍しく語られていたのだろう。

しかしながら、自由身分の者が決して少なくなかったという形跡もある。作中人物の成上り者トリマルキオは剣闘士たちの勇ましい戦いぶりを誉めそやしている。

その三日間に素晴らしい剣闘士の見世物が提供されるはずだ。養成所の剣闘士ではなく、解放され隠退していた者たちが大勢出場するのだ。〔史25 XXV〕

滅多にないことであるから、大げさに誇張したのかもしれない。だが、志願者たちがもはや隠退した成績優秀な剣闘士であったことはわかる。観衆の求めに応じようとすれば、興行師は志願者を欲しがっていたにちがいない。

といっても、これらはあくまで剣闘士を卒業した解放奴隷の自由民であったにすぎない。元老院身分や騎士身分のような貴族や上層民の剣闘士であれば、なおさら志願者がいたなどとはにわかに信じがたい。たとえ稀な事例にしても、ほとんどありえないことだったのではないだろうか。たしかに、高位の身分の者にも剣闘士競技にひときわならぬ関心をいだく者がいたことは否定できない。おそらく貴族の剣闘士マニアは足しげく剣闘士養成所に通っていただろうし、なかには剣の腕前を誇示したがる御仁もいたにちがいない。その勢威が高ければこそ剣闘士への関心が度を越せば、醜聞のごとく語り継がれたのである。一例をあげれば、「ネロは、有名なローマ騎士にも、莫大な贈物を施し、砂《アレ》場《ーナ》で奉仕するように誘って約束させたものである」［史40 XIV 14.3］という。また、剣闘士を気取った皇帝としての風聞で名高いコンモドゥス帝は、その最たるものであろう。

こうしてみると、剣闘士養成所に入所する者の少なくとも二割が自由身分の出身者であるとは、とうてい想像できないのである。しかし、少なくとも一〇人に一人ほどであったとはいえるかもしれない。それでもその数字は大きなものである。だが、そこにはローマ社会を彩るなにものかがひそんでいるのではないだろうか。少なくともローマ人気質を解明する手がかりのひとつにはなる。それについてはのちに考えることにしよう。

剣闘士の養成

剣闘士は一群の集団をなしており、通常は興行師《ラニスタ》に率いられていた。この集団は剣闘士一家（familia gradiatoria）とよばれている。剣闘士に向く人材は奴隷市場などで購買されていただろう。興行師はかつては自分も剣闘士であったし、勝ちつづけて解放され、いまや自由身分になる成功者であった。解放の証に木製の剣《ルディス》を授かっていた。その経歴からして、おのずと優れた剣闘士になる資質を見抜く眼力があったにちがいない。

興行師はもはや自分の命を賭けるわけではない。だから、実業として利益の見込める分野であれば、あとは経営の才能の問題だった。興行師は新人あるいは経験者を購入し、訓練して、それらを見世物主催者に賃貸するのである。セネカ〔史37 LXXXVII 15〕やユウェナリス〔史15 VI 216-217〕などに示唆されるように、売春宿の主人と同じく卑しい仕事とみなされていたが、莫大な富が転がり込むことも少なくなかったらしい。

ところで、ポンペイの周壁に巡回興行師（lanista circumforanis）の広告が記されている。ヌメリウス・フェストゥス・アンプリアトゥスなる抜け目のない人物が自分を売り込んでいるのだ。本人によれば「彼の剣闘士一家は世界中が讃美した」〔*CIL*, IV 1184〕という。だが、もともと利益を当てにしただけの興行であったとすれば、急場しのぎで寄集めの剣闘士の見世物でしかなかっただろう。それでもいくばくかの利益があったのかもしれない。

剣闘士一家は富裕な私人が所有していることもある。これらの私人は剣闘士競技に並々ならぬ興味をいだいていたから、やはり剣闘士を見抜く眼力にもひとかたならぬものがあった。大弁論家のキケロは裕福な友人宛の書簡で感想をもらしている。

なんたる優れた一家を買い取ったことだろうか。君の剣闘士たちの闘う様は素晴らしいという評判だ。もし闘技場で闘わせるつもりなら、見世物を二回も催せば、要した費用は賄えるにちがいない。［史7「アッティクス宛書簡集」］

剣闘士マニアの有力者は自力で剣闘士を集め一家をなしていた。これら剣闘士の訓練のために、興行師《ラニスタ》や訓練士《ドクトル》と事情に合わせて契約を結び、雇うこともあった。

もっとも首都ローマにあっては、共和政国家の安全が脅かされそうになった内乱の危機のときに、私人が市内でもつ剣闘士の数に制限が設けられている［史39］。さらに、コロッセウムが完成したのち、ドミティアヌス帝は、誰であっても、首都ローマの市内に個人所有の剣闘士をかかえることを禁じている［史28］。

ところで、剣闘士は戦闘することを目的とする商品でもある。だから優れた商品であるためには磨き上げられねばならない。このために剣闘士養成所（ludus）があった。この言葉はもともと運動競技を意味するとともに、そのための気ままな鍛錬を意味していた。だが、共和政末期には複数形（ludi）で見世物興行をも指すようになっていた。といっても、それは剣闘士競技にかぎられたわけではない。やがて、複数形 ludi はとりわけ剣闘士の見世物を意味するようになり、単数形では、本来の語義に戻って訓練するための養成所を指すようになった。

おそらく最古の剣闘士養成所はカンパニアのカプアにあっただろう。前七三年、かのスパルタクスが仲間の剣闘士たちと蜂起したのもそこが舞台であった。この養成所は広く名をとどろかせ、ローマの貴族も剣闘士の一団をそこに預けていたらしい。アウレリウス・スカウルス〔史47 II 3, 2〕、レントゥルス・バッティアトゥス〔史10・29「クラッスス」〕らの一団が記録されている。

ローマにあっては、キケロ〔史7「アッティクス宛書簡集」〕やカエサル〔史3 I 14〕が「カエサルの養成所」(ludus Caesaris) なる言葉をほのめかしている。前三〇年にスタティリウス・タウルスがはじめて石造りの円形闘技場を建造したとき、剣闘士養成所も造られたという。おそらくポンペイウス劇場の近くにあり、「アエミリウスの養成所」とよばれたらしい〔文43〕〔史13「詩論」〕。その後、カリグラ帝やドミティアヌス帝がみずからの剣闘士養成所をもっていたことも明らかである〔史39〕。

ドミティアヌス帝は、「フラウィウスの円形闘技場」とよばれるコロッセウムが八〇年に創設されたあと、最高権力者になっている。ほどなく彼は剣闘士養成所のあり方を一新させてしまう。前にもふれたが、少なくとも首都ローマでは、剣闘士の個人所有が禁止されている。それは剣闘士競技の開催は帝国によって運営されるということである。興行師の役割を担うのは役人であり、養成所も帝国が経営した。このため、開催そのものが帝国養成所によって直轄されることになった。

これら剣闘士の訓練のために四つの養成所が整備されている。なによりも目立つのは大養成所 (Ludus Magnus) であり、コロッセウムの近くにあった(図28)。おそらくドミティアヌス帝の時代に着工され、完成したのはトラヤヌス帝の時代であろう。このとき「大養成所の管理人」(procuratores

図28　コロッセウムの近くにある大養成所の遺構

ludi Magni）がおかれ、少なくともクイントゥス・マルキウス・トゥルボ（一〇九年）とティトゥス・ハテリウス・ネポス（一一六年）の二名が知られている。この大養成所の一部はすでに発掘されている［文18］。

さかのぼれば一世紀半ばには、早朝養成所（ludus Matutinus）にあたる場所があり、野獣闘士（bestiarius）が訓練されていた。これは野獣狩り《ウェナティオ》が別名では早朝《マトゥティヌス》見世物とよばれていたことに由来する。ドミティアヌス帝はこの早朝養成所を改築したか、あるいは新築したかもしれない［文62］。

さらに、ダキア養成所（ludus Dacicus）とガリア養成所（ludus Gallicus）がある。ダキア養成所は、ドミティアヌス帝のダキア遠征に関連して、その戦争捕虜が剣闘士として訓練される養成所だったと想定されている。だが、そびえ立つ円柱の浮彫りで名高いトラヤヌス帝のダキア遠征に関連しているとも考えられている。ガリア養成所はガリアで徴集された剣闘士を受け入れていたことに由来するという。

ローマの外に目を向ければ、由緒あるカプアの養成所のほかにも、断片的な証拠ならいくらでもある。とりわけポンペイには大劇場と小劇場に隣接して剣闘士が訓練されたと思われる空間がある。もっとも、ウェスウィオ山の大噴火に先立つ一七年前にこの地域を大地震が襲ったのだが、こののちこの空間を剣闘士が使うようになったとみなされている。

ほぼ正方形の中庭があり、ここが剣闘士たちが練習に励む場所だった。その中庭のまわりを柱廊と二階建ての宿舎が囲んでいる（図29・図30）。一部屋に二人の剣闘士が住んでいた。剣闘士たちは二人で

図29　ポンペイにある剣闘士の宿舎

図30　宿舎の部屋　一部屋を２人で共有していた。

一部屋を共有していた。その同室の相方を相棒（convictor）とよんでいる。たとえば、『ラテン碑文集成』の墓碑のなかに「冥府の神々に捧げる。相棒たる大教練所の網闘士プリオルに、大教練所のムルミッロ闘士ユヴェニスは心をこめて果たした」［CIL, VI 10169］とある。

だが、ポンペイの正方形の中庭をめぐっては、ここが剣闘士養成所であったかどうかは疑問とする向きも少なくない。興行に先立つ日々に剣闘士の一群がやってきて、ここで練習しながら待機していたのかもしれない。いわば練習場を備えた宿泊施設であった。

ポンペイの落書きには、ほかにもユリウス養成所（ludus Iulianus）の一例のみやネロ養成所（ludus Neronianus）の名も刻まれている。このような名称からして帝国直轄の剣闘士養成所が推測されており、それはドミティアヌス帝以前にすでにあったことも考えられる。

南仏のニームにも円形闘技場の遺構があるが、剣闘士の墓碑にはユリウス養成所の名もネロ養成所の名も残っている。イベリア半島でもカディスの墓碑にユリウス養成所の名があり、コルドバの墓碑にはユリウス養成所（num. 1）の名もネロ養成所（num. 2; 3; 4）の名も残っている。このコルドバにはガリア養成所（num. 5）の名もあり、しかも剣闘士の出身地がゲルマニアであることも記されている。

さらに、驚くべきことに、バルセロナにはガリア・ヒスパニア養成所（ludus Gallicianus et Hispanicus）［文25 num. 15 = *CIL*, II 4519］の名もみえるのである。この墓碑の故人ディオは皇帝解放奴隷であり、この養成所の記録係（tabularius）をしていたのである。ガリア養成所とガリア・ヒスパニア養成所との違いはどこにあるのだろうか。前者が一世紀であり、後者がマルクス・アウレリウス帝以降の時代であるとすれば、たんなる名称の変化であるのではないだろうか［文25］。帝国西部の出身者を訓練する養成所であったのだろう。

一世紀のアレクサンドリアでは、帝国養成所の管理官がいたことが知られている。このころにはギリシア人やオリエント出身の剣闘士も多くなっていたので、地域ごとに帝国直轄あるいは帝国公認の養成所が求められていたのだろう。おそらくローマの帝国養成所に関連しており、ドミティアヌス帝時代のものであろう。

そもそもカエサルはみずからの剣闘士一家をもつことを自認している。アウグストゥス帝もまた『業績録』のなかで、たびかさなる剣闘士競技の開催を誇示している。これらの開催の際に、その興行を取り仕切るべく一任された人物がいたというのは当然のことではなかろうか。

じっさい、クラウディウス帝の時代にローマの養成所監督官（procurator ludi）とよばれる役人がいたことは疑いようもない［史40 XI 35; XIII 22］。しかもこの人物は騎士身分だったともいわれるのである。そうであるとすれば、それ以前の時代にも、たとえば信頼できる皇帝解放奴隷に、養成事業や興行運営をほとんど任せっきりであったということは十分にありうるだろう。

しかし、首都ローマを中心に大規模な剣闘士の養成がおこなわれたにしても、帝国養成所だけで剣闘士興行のすべてを賄いきれたわけではない。ローマを離れれば、どこでも剣闘士を調達するのは興行師《ラニスタ》の務めであった。だから、剣闘士の訓練の場所は、それなりの施設をもった養成所もあったが、興行師はしばしば野営地のような場所で訓練していたであろう。

剣闘士と興行師

ところで、剣闘士として訓練される者は新参者（tiro）とよばれている。もともとは軍隊の新兵であり、そこから日常の場面でも未経験者にも用いられたらしい〔史14〕。剣闘士を養成するという環境では、最初に真剣な戦いをするまでの新米をそうよんだのである〔史7「ロスキウス・アメリーヌス弁護」〕。だから、最初の試合のなかで死んでしまった者は新参者のままであったし、その確率は高かったであろう。

これら新参者の境遇は過酷をきわめたことは想像に難くない。反抗と暴動の危険はつきまとっていたし、自殺や逃亡の恐れも少なくなかった。志願者はともかく、絶えず看守や兵卒に見張られていたし、とりまく人々は警戒を怠ることがなかった。とりわけ戦争捕虜たちはしばしば鎖で拘束されていただろう。

錠前で閉ざされた狭い房で寝泊りしながら、棒や鞭で打たれる厳しい訓練が待ち受けていた。訓練に耐え、身体と技量を鍛え上げても、前途には明日をも知れない運命しかころがっていないのだ。命がけの剣闘士には反乱の危険も自殺の恐れもあったので、互いに監視させるように仕向けられていた。同室に相棒がいたのは、そのためだった。たとえば、自殺者の最近の事例として紀元一世紀のストア哲学者セネカは次のように記している。

野獣闘技の訓練場でゲルマン人の一人が、午前の見世物の訓練をしていたときに、休憩すると言ってその場を立ち去った。監視人もなく独りでいられるにはそれ以外になかったからである。

そこで、彼は汚物洗浄用の海綿付の棒切れをとって、それを喉に深く詰め込み、喉笛を詰まらせて息を断ってしまった。［史37 LXX 20］

このような過酷な運命にいたる者もいたが、それに耐えながら、最初の戦いで生き残れば、彼らは経験者（veteranus）とよばれるようになる。だが、これら経験者にとっても厳しい訓練の日常生活はなまやさしいものではなかっただろう。

絶望のあまり自殺する者に関して、セネカは「たとえもっとも卑しい奴隷でも、苦痛のあまり、それにかき動かされて、いかに注意深い監視人をも欺いてしまうか、それをご覧なさい」［史37 LXX 25］と注意を促している。

さらに、セネカが同様の出来事を例示している。「野獣との闘いに訓練された者が、眠りにでも襲われてこっくりしているかのような素振りで、頭を垂れてついに車輪の箭《や》に突っ込ませたのである」［史37 LXX 23］。

しかし、興行師《ラニスタ》にとっても所有者にとっても、剣闘士は売値のつく商品でもあった。だから、競技の舞台でより見栄えのする出し物に仕立てあげなければならないのだ。そのためには滋養になる食べ物を給して、筋肉隆々とした堂々たる体軀《たいく》にさせるように配慮したともいう。剣闘士は大麦男《ホルデアリウス》という渾名《あだな》でよばれることがある。大麦を食すれば、脂肪が血管を保護し、大出血を防げると考えられていたという。

幸いにも、古代最大の医学者ともいわれるガレノスがいるのは心強い。彼は医者として剣闘士の世話をした経験をもつのだ。のちにマルクス・アウレリウス帝の侍従医にもなる大医学者であるのだが、彼は負傷した剣闘士の世話は解剖学を研究する絶好の機会であると考えていたらしい。そのころ、もはやエジプトのアレクサンドリア以外では、人体の解剖は許されなくなっていたのである。

ガレノスは二十七歳のころ、アレクサンドリア留学から戻り、郷里のペルガモンにいた。そこで四年間にわたって剣闘士たちの治療医を務めている。彼は宿舎で生活する剣闘士たちの食事や健康に気遣いを怠らなかったという。彼の学識に基づく配慮のおかげで多くの命が救われたと自負している。

このような剣闘士への配慮をながめれば、剣闘士の生活がそれほど非道なものではなかったということも浮かび上がってくる。そこから軍隊における兵舎の生活と大差はなかったとも想像される。じっさい、ポンペイの剣闘士には女性が付き添っている形跡があり［CIL, IV 4289; 4345; 4356; 8916; 史19 V 24, 10］、そこには外出の自由があったらしい。さらに、埋もれた宿営地跡には女性の遺体と宝石が残されているし、女性や子どもとの同居も想像できないことではない。じっさい、ポンペイの宿舎から出土した子どもの遺体がひとつある。また、イズミールでは剣闘士の娘の葬儀に同輩たちが金を出し合っている例がある［文53］。こうなれば、軍務に拘束された兵士とほとんど異ならないとさえいえるだろう。

だが、このような恵まれた環境にある剣闘士はやはり稀な事例にすぎなかったのではないだろうか。例外でしかない華やかな話題だけに目を奪われてはならないのである。史料は剣闘士の格付けの最高位として端麗者（formosi）をあげている（一五五頁参照）。眉目秀麗《びもくしゅうれい》にして強い剣闘士であれば、そのような自由市民のような生活もできたかもしれない。だが、大多数の剣闘士にとって、それはあくまでも夢物語にすぎなかっただろう。とはいえ、ポンペイの落書きから、訪問する娼婦がいたこともわかっている。これらの女性たちへの淫らな言葉が書きつらねられているのだが、それは束の間の慰安にすぎなかった。

剣闘士一家を取り仕切る興行師《ラニスタ》にすれば、さまざまな仕事をこなさなければならなかった。なによりも手に入れた剣闘士を訓練しなければならない。訓練士《ドクトル》や教練士《マギステル》の助けを借りながら、剣闘士を一人前に育成するのである。とくに訓練士は興行師と同じく元剣闘士であり、それぞれ武器と武具の使い方を熟知する専門職人であった。さまざまなタイプ別の訓練士をかかえながら、興行師は戦闘員としての訓練の全般についてなにかと責任を負っていた。

この点に関連して、巡回興行師とよばれる者がいたことは特筆される（一五八頁参照）。この巡回興行師をめぐっては、まず古くからの仮説がある［文43］。それによれば、興行師のなかには、定まった活動拠点をもたず、養成所の外で剣闘士の一団を統率する者がいたという。

だが、この仮説を斥ける見解もある［文49］。というのも、剣闘士の一団には、これらの戦士を世話する人々がいたことを考慮しなければならないからだ。訓練士や教練士はもちろんのこと、傷を治療する医者もおり、体調を整えるマッサージ士もいた。ほかにも、会計係、武具職人、看守などが働いていた。それらの多様な職務分担に注目すれば、このような大規模集団が巡回していたとは考えがたいことになる。養成所を出て一時的に興行開催に行くのでなければ、この種の事業が成り立たないというのである。

とはいえ、旅する剣闘士一家がいることをほのめかす詩句は少なくない。たとえば、ユウェナリスの諷刺詩〔史15 VI 82-83〕のなかに、剣闘士セルギウスの属する剣闘士一家がエジプトに向かう場面がある。セルギウスには元老院身分の貴婦人が付きまとっていたという。諷刺詩にともなう誇張があるにしても、ここには養成所に拘束されない自由な巡回興行師の一家がいたことを思い描くことができる。おそらく興行師の多くは剣闘士養成所と付かず離れずの関係にあっただろう。だが、なかにはもっぱら地方巡回にあたっていた一家もあったにちがいない、そのことは誰もが知っていたはずだ。諷刺詩はそれを周知の事実としておもしろげに描いているのではないだろうか。

剣闘士養成所は興行師のものではなかったが、そこにあっても興行師は自分の一家を取り仕切ることはできた。史料〔史13「詩論」・史47〕によれば、アエミリウス・レピドゥスの養成所もアウレリウス・スカウルスの養成所も個人が所有し、興行師が統率していた事実が浮かび上がってくる。

時の推移のなかでながめれば、ほかにも、興行師が活動したとおぼしきことがある〔文54〕。剣闘士一家が個人によって所有されるにしても、輸送には費用がかかり、投機の対象としてはリスクがつきまとう。帝政期になれば、個人資産を運用するだけでは、いつまでもつづくことは難しかった。もはや、剣闘士の売買は、首都ローマを中心に皇帝が取り仕切るだけになる。また、興行師たちが競合するうちに共倒れになることも少なくなかった。かつての興行師たちは、いまや、帝国養成所のために剣闘士を調達することに専念する。おそらく、これらの調達雑務を一任された人々が昔日の仕事の延長上にいたにちがいない。

剣闘士養成所の話に戻れば、そこでの最重要な時間は訓練士や教練士による訓練であった。しかも、精度が高いなりに複雑な方法や原理があり、それらを理論に従って教え込むのだ。訓練の現場における諸事情やその風景を物語る史料はない。わずかに弁舌の論戦と比較しながら、攻撃と反撃、さらには牽制《けんせい》などについて示唆する話が残るだけである。

クインティリアヌスは弁舌の論戦と剣闘士の闘技を比較しながら「最初の一撃に敵が反撃してきたら、第二の突きに第三の一撃がつづき、相次いで見せかけの牽制をかけるなら、第四の一撃をやってみる。こうして攻撃をかわすことと突き返すことの二様の勝負がある」［史32 V 13. 54］と語っているだけである。

といっても、養成所では、鋭利な武器の使用はことごとく禁止されていた。もっともユンケルマン博士によれば、信頼のあつい志願者や自由身分の者なら、思いのまま武器を使えたはずだというが、例外であろう。訓練を受ける者には、練習用の木製の武器が与えられたにすぎない。互いに身体を傷つけないためにも、反乱や自殺を防止するためにも、安全な措置であった。訓練生にすれば、鞭をもつ訓練士の指導のもとに、汗を流すしかないのだ。

とくに新参者は、地に打ちこまれた棒の柱（palus）を敵と想像しながら、練習に励む。ローマ軍兵士の訓練と同じように、上半身を鍛え持久力を養うために、この棒の柱に身体をぶつけてなぐりかかる練習もした。さまざまな武装の相手や戦術に備えて、戦うための教則を学び、それを理屈とともに身をもって習得しなければならなかった。これらの厳しい訓練についてこられない新参者もいた。彼らには過酷な罰が徹底して加えられた。ポンペイの宿舎には牢獄があり、そこから遺骸とともに少なくとも一〇人分の足枷《あしかせ》が発見されている。訓練の途中で、殴られたり、鞭打たれたりするのはありふれたことだった。

そのような技術的な訓練にもまして目を逸らせないことがあった。剣闘士たちは命がけでありながら最下層の人間として蔑《さげす》まれていた。彼らはしばしば屈辱感にさいなまれ、不当な仕打ちを非難する気になっていただろう。そのような心の内を理解してやることも必要であった［史8］。

しかし、そのような精神状態への気配りが万全であったとは、とうてい言えないだろう。それでも、訓練はつづくのである。誰もがやる共通の練習にある程度のめどが立てば、ほどなく特殊な技能を学ぶことになる。個々人の選択で剣闘士としての武装（ここでは武器と武具をひとまとめにしておく）のタイプが決まるのであろうか。このような選択は個々人の好みであったかもしれない。だが、おそらく、個々の肉体的な資質に応じて、割り振られたのではないだろうか［史7「セスティウス弁護」］。

剣闘士のタイプ

どのような剣闘士のタイプがあるのか、ひとまずここでまとめておこう。文献上の史料はそのつどとりあげることにして、碑文史料についてはほぼ網羅的な一覧表（付録一八〜三四頁参照）を作成しておいた。この一覧表から、それぞれの剣闘士のタイプの時代的な変遷と人気度に多少の目安をつけることができる。その点については折にふれ言及することにして、まずは、それぞれのタイプについて素描しておきたい。

剣闘士の武装のタイプは同時期にすべてが出そろったわけではない。それぞれに由来の歴史があり、さまざまな思惑がひそんでいる。

前二世紀、剣闘士興行が見世物になったころ、剣闘士の武装型はサムニウム闘士（Samnites）（図31）とガリア闘士（Galli）の二つだけだった。いくたびもローマを脅かした勇猛なサムニウム兵士と屈強のガリア兵士である。いずれもローマ軍に連行された戦争捕虜として祖国の兵士の格好であらわれたのである。

前一世紀になっても、東の辺境に隣接したトラキア部族民の襲撃があり、それに報復するローマ軍の活動もあった。その争乱のなかで戦争捕虜になる者もあり、トラキア闘士（Thraex）（図32）が登場する。このトラキア闘士については、名高い奴隷反乱の統率者スパルタクスがいたことは、すでにふれたことである。

サムニウム闘士、ガリア闘士、トラキア闘士のような部族の武装をした者は戦争捕虜であった。また罪人のなかには剣闘士として見世物にさらされる者も少なくなかった。さまざまな格好をさせられ、観衆の目を楽しませる座興であった。彼らはほとんど訓練されることもなく、身を防ぐ準備もなかった。競技の舞台であるアリーナが処刑場であった。

そのような見世物の座興に目が向くと、期待されるのは、もっとおもしろい武器や身なりをした強い剣闘士が登場することだろう。とりわけ、魚兜闘士（murmillo）（図33）の出現は剣闘士興行の歴史

図31　サムニウム闘士（アクィレイア博物館蔵）

図32　トラキア闘士（ルーヴル美術館蔵）
曲がった剣に特徴がある。

図33　魚兜闘士（ムルミッロ）（ハンブルク工芸博物館蔵）　大きな楯とはでな兜に特徴がある。

にあって画期的な出来事であった。

語源としてはギリシア語の海水魚（murmeh; mormuros）に由来する。魚の背びれを模したかのような兜《かぶと》をかぶっているところからの呼称なのである。遺物として残存するものからすれば、兜の重さは一キロぐらいはあったらしい［文41］。見た目のおもしろさが強調されるのだから、ある種の伝統の破壊であった。

といっても、魚兜闘士《ムルミッロ》の登場はサムニウム闘士の変形であったとも考えられる。アウグストゥス帝時代に魚兜闘士が出現したころにはサムニウム闘士が消滅しつつあったからである。

魚兜闘士は短めの剣《グラディウス》（直刀）（図34）と大きな楯《スクトゥム》で戦う。剣も楯もローマ軍団の兵士がもつ通常の武具に似ている。ローマ軍営舎からの遺物で計測すれば、平均すると楯は縦一メートルほど、横六五〜七〇センチほどである。重さは六〜八キロはあったらしい。

剣をもつ右手の腕には防具《マニカ》をつけているが、腰布を革帯で締めつけてはいても、上半身は裸である。剣をもつ側の脚はゲートルで軽くつつまれているだけだが、楯をもつ側には詰め物をしたブーツを履き、その上には金属製の脛《すね》当てが施されている。

組合せのおもしろさのせいだろうか、魚兜闘士はしばしばトラキア闘士か重装闘士（hoplomachus）と戦う。魚兜闘士が大きな楯で身を防ぐのに対して、トラキア闘士も重装闘士も小さな楯で防御するからである。魚を獲る網との連想からしばしば網闘士（retiarius）との対決が考えられてきたが、事例は少ないようである。

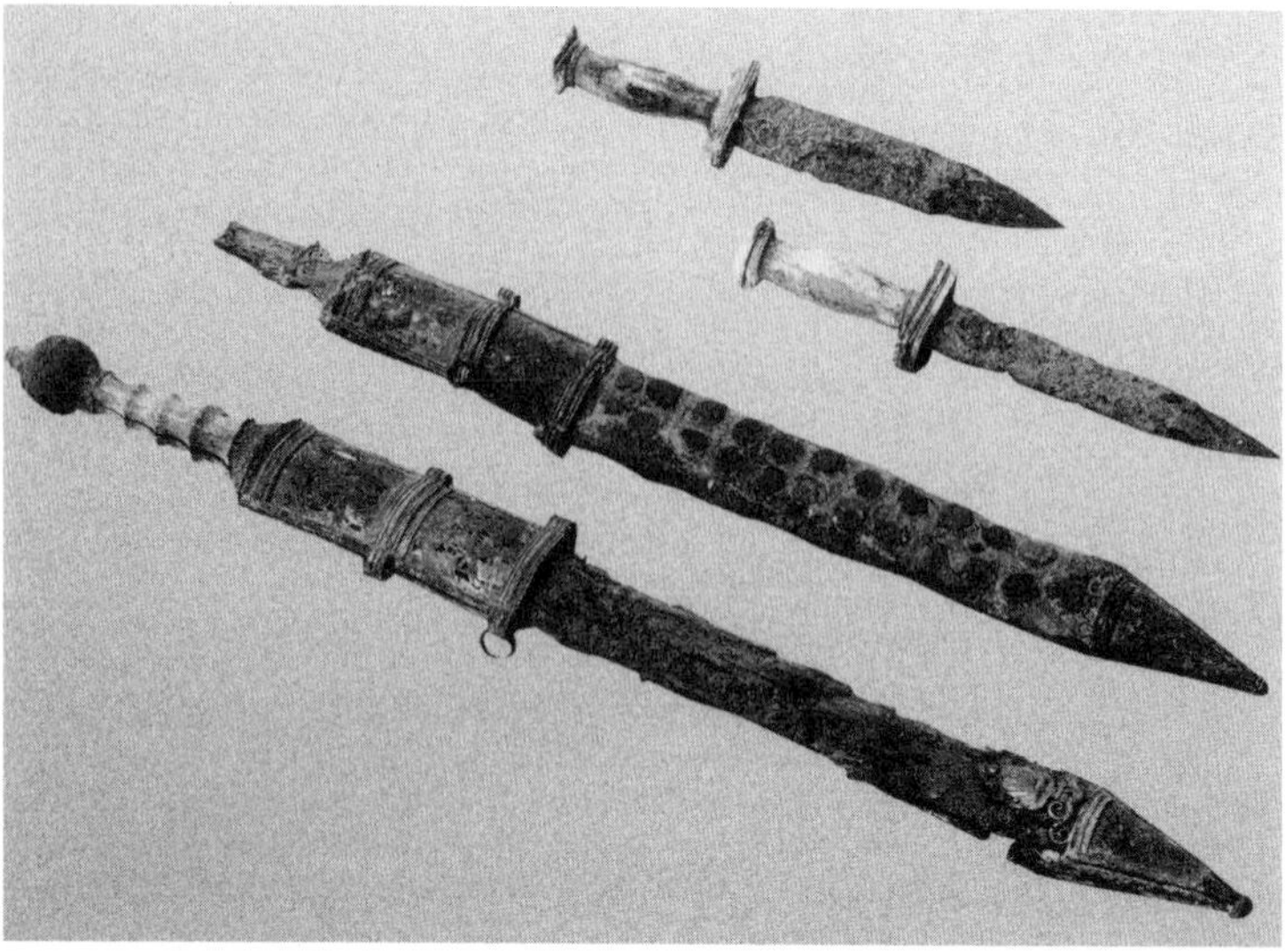

図34　真っ直ぐな剣（gladius）（ポンペイ出土）

図35　湾曲した剣（sica）の木製品（ウェストファーレン考古学博物館蔵）

魚兜闘士が対決するトラキア闘士と重装闘士とはしばしば混同されやすい。類似する点が多いからである。厚手の脚巻き、二脚ともの脛当て、高い三日月形のトサカのある兜、小さな楯などである。もっとも小さな楯といっても、トラキア闘士の楯はほぼ正方形であるが、重装闘士の楯は円形（およそ直径三七センチ、一・六キロ）であった。

トラキア闘士と重装闘士との大きな差異は武器にある。トラキア闘士の武器は湾曲した剣であり（図35）、重装闘士は槍をもって戦う。重装闘士の楯の裏側は腕が通せるようになっており、そのため重装闘士は第二の武器である長めの短剣をもつことができる。槍を失くせば、右手で剣をとり、楯は左手で握ることができるのだった。小さな円形の楯、槍と短剣という武装のかたちが生まれ、それが古典期ギリシアの重装歩兵《ホプリテス》を髣髴《ほうふつ》とさせる。重装闘士《ホプロマクス》の名の由来である。

トラキア闘士も重装闘士も魚兜闘士と戦うことが多かった。というのも、魚兜闘士は大きな長方形の楯をもつことでローマ正規軍の兵士を想起させ、それがトラキア人兵士やギリシア人兵士と戦うという場面の設定がおもしろかったのだろう。もっとも、ときにはトラキア闘士と重装闘士が戦うこともあったらしい。異国人どうしの戦いを高みの立場で見物するという気分だったのかもしれない。

トラキア闘士や重装闘士よりもやや軽装なのが挑戦闘士（provocator）（図36）である。腰布と防具を身に帯び、左脚に脛当てがある。長方形や三日月形の胸当てをつけ、丸角の長方形の楯をもち、トサカも縁もない兜をかぶっている。ポンペイの浮彫りなどにも残っているが、挑戦闘士はとくにエフェソスなどの帝国東部でしばしばみられるものだった。

図36　挑戦闘士（ベルリン国立博物館蔵）　丸い兜に特徴がある。

図37　網闘士（ロンドン市博物館蔵）
網は描かれていないが……

一風変わったといえば、網闘士（図37）に勝るものはない。縁に鉛の重しをつけた網を手にもち、敵の身体を鞭のごとく叩いたり、敵の足をすくったりする。絶好の機とみれば、網を投げて敵をからめとるのである。長い紐が手首に結ばれているので、投げそこなっても、すぐに引き戻すことができる。網闘士のもうひとつの武器は三叉槍《みつまた》である。網にかかった敵をぐいぐいと引きつけながら三叉槍で突き刺すのである。網を失くしたときには槍を両手で握って突き刺すと威力を増すのだった。もちろん最後の武器として短剣が革帯に差してあった。投げそこなった網を敵がつかんで引き寄せようとしたときには短剣で網を切り裂いて逃げるのである。

網闘士に特有のものに青銅製の肩防具《ガレルス》がある。網をもつ手の上腕に革紐で縛りつけておくので、ひるむことなく敵と向かい合うことができた。肘と下腕は厚手の防具《マニカ》で防御されていた。兜は着用せず、ヘッドバンドを頭に巻いているだけだった。素顔を観衆にさらすのだから、凛々しい若者が多かったらしい。

この網闘士と好んで対戦させられたのが、追撃闘士（secutor）（図38）である。兜には小さな覗き穴が二つあるだけであり、耳にも極小の穴しかなかった。防御能力は高かっただろうが、視野は狭く音もかぎられていた。この点で素顔の網闘士と好対照をなしていたわけである。といっても、覆面の部分を持ち上げることもできたらしい。

追撃闘士はもともと魚兜闘士の変種であり、そのために兜には魚のヒレ状のトサカがあり、装飾のないつるつるとした兜は魚の頭のようであった。対戦相手が網闘士であったのも、網を操る漁師とくぐり抜ける魚との関係が連想されたのだろう。剣をもつ右手の腕には金属製でも動かしやすい防具を着け、両脚の脛には巻かれた布と金属製の防具が着けられていた。さらに左手にたずさえる大きな長方形の楯で全身を守るのである。

防御がかたい追撃闘士であるから、攻撃の基本はなによりも敵ににじり寄っていくことであった。武器は突き刺すための直刀《グラディウス》である。大きな楯に身を隠して近づいてくれば、相手は自然に接近戦を避けようと動く。網闘士は距離をとりながら網を投げる機会をうかがうのである。その攻防はひときわ白熱したものがあったのではないだろうか。

これらの剣闘士の類型のほかにも、さまざまなタイプや変種があった。まず騎馬闘士（eques）（図39）とよばれる剣闘士がいる。市民のように上衣《トゥニカ》を着ており、その上着の色はさまざまだった。また、縁どりされた兜をかぶり、中規模のほぼ正方形あるいは円形の楯をたずさえていた。これら騎馬闘士はその者どうしでしか戦うことがなかったという。さらに、七世紀の学者であるセビリャのイシドルス［史14］によれば、騎馬闘士どうしの戦いは対戦取組の冒頭におかれていたという。開催の始まりを告げる儀式のような役割として創設されたのかもしれない。

戦いの初めは馬上の騎士のごとく槍をもって向かい合い、接近した瞬間に矛先を交える。だが、決定的な力量の差がないかぎり、しばしば決着がつかなかったらしい。図像史料で残っているかぎりでは、馬上で戦う場面よりも徒歩で戦っている場面が多いのである。騎乗戦が膠着《こうちゃく》してしまうと、二人とも馬を降りて剣で戦うことになる。

図38　追撃闘士（アルル古代博物館蔵）
防備がかたい。

図39　騎馬闘士（バーゼル市ローマ博物館蔵）　馬から降りて戦うことが多かった。

次に射手闘士（sagittarius）があげられる。彼らは射程距離の長い弓を用いていたという。弦《つる》を掛ける以前は射撃する向きに曲がったオリエント風の形をしていたというから、射撃力にはかなりのものがあった。ローマ人には脅威であったパルティア軍の射手から模倣したものであろう。射手闘士がお互いに矢を放ち、ビューンビューンとうなりながら突き抜けるのだから、かなり迫力があったにちがいない。射程距離ならおよそ二〇〇メートルはあったと推定される。闘技舞台《アリーナ》の広さをはるかに超えているのだから、誤射した流れ矢が観客席に飛び込む危険があった。おそらくなんらかの危険防止の手段が講じられただろうが、詳しいことは不明である。

さらに興味深いものとして戦車闘士（essedarius）とよばれる剣闘士がいる。命名はケルト人が用いた戦車《エッセドゥム》に由来する。一世紀半ば以降の碑文に登場するが、残念ながら図像から得られるものは皆無である。

戦車闘士もまたお互いに同型どうしで戦ったらしい。豪華な戦車で登場する剣闘士の勇ましい姿は観客の胸を熱くするものがあっただろう。ホメロスの叙事詩に登場するような勇将が、戦車を御者に操らせながら、所狭しと走り抜ける。そのような睨み合いの時が過ぎ、やがて両者は戦車を降り、地に足をつけて戦うことになる。戦闘のクライマックスを演出するこった出し物であったにちがいない。

一世紀末のマルティアリスの諷刺詩［史19 Ⅵ 6b］には、女性の戦車闘士が描かれている。彼女が男性の剣闘士を相手にしたかどうかはわからない。そもそも流血の戦いをしたかどうかも明らかではないのだ。

図40　女性剣闘士の対決（ハリカルナッソス出土。大英博物館蔵）　双方とも顔が出ている。

たしかに大英博物館に展示された浮彫りには、アマゾニアとアキリアとよばれる女性闘士どうしが戦う場面がある（図40）。女性であることを目立たせるためなのか、二人とも兜をかぶっていないのが興味深い。

さらに、このような女性の剣闘士については、ほかにも言及されている［史9 LXVII 8, 1-2・39「ドミティアヌス」］。だが、競技の舞台に登場したにしても、血を流して戦ったか、いずれも不明なのである。おそらく例外的な余興として観衆の目を楽しませるものだったのではないだろうか。

戦車闘士の話に戻れば、彼らのなかには猛獣を相手にすることもあった。ゲルマニアの首都であったトリーアのモザイク画では、豹に追いかけられているかのような戦車に乗る剣闘士の姿が描かれている。それをながめる観衆が息をこらしている様が想像される。

そのほかにも、二刀流闘士（dimachaerus）とよばれる剣闘士は二つの剣あるいは短剣で戦っている。また、鉄鎧《よろい》闘士（crupellarius）は、タキトゥス［史40 III 43-46］によれば、共和政末期の内乱時にローマ兵と戦っている。これらの鉄鎧闘士は重装備をしていたらしく、彼らが倒されたときその武具が尖った刃物でずたずたにされているのだ。

さらには、真剣な剣闘士競技が休憩する合間に登場する前座闘士（paegniarius）や縄闘士（laquerarius）もいる。ポンペイの浮彫りによれば、彼らはほとんど武具も着けず武器らしい武器もたずさえていない。ちなみに、投げ縄（laqueus）に由来する縄闘士は網闘士の変種であり、投げ網の代わりに投げ縄を用いるパロディーでもあった。また、前座闘士は木製の剣を武器にしていたらしい。

殴打から身を守るために、なんらかの防具をつけていただろう。

剣闘士気取りのコンモドゥス帝がコロッセウムで興行を主催したとき、前座闘士がたいそう人気になったという。これからくりひろげられる豪華絢爛な見世物の前に観客の期待が高まるように仕組まれたのである。

コンモドゥス帝と同時代人であるディオ・カッシウスによれば〔史9 LXXIII 20〕、おぞましい前座の余興があった。ローマの街中から下肢を失った障害者が集められ、喪失した脚の部分に蛇の尾の衣装を着けさせられたのだ。皇帝はこれらの下肢喪失者をまるでヘラクレスの怪物退治のごとく木剣あるいは棍棒で殴り殺させたという。現代人からすれば、思わず目をふさぎたくなる光景であり、権力の狂気さがすさまじいばかりに露出した場面である。

いずれにしろ、さまざまなタイプの剣闘士がいたのである。だが、同じ一家に所属し訓練の場で同居しながらも、それぞれの訓練の度合と戦闘の成果に差があることは当然だった。そこに集団生活にありがちなことだが、階級差のようなものがめばえることになる。

すでに新参者（tiro）についてはふれたが、経験と戦果をかさねるにつれ、准師範級（palus secundus/rudiarius）、師範級（palus primus）のような階級差があった。

この階級制に従って、新参者にはもっとも劣悪な部屋があてがわれた。だが、闘技場で勝利をかさねれば、居住環境はより恵まれたものになる。そもそも自由身分か志願者であれば、それなりの部屋に住むことができただろう。さらに最高位の師範級になると、最良の居住環境を要求することができた。師範級は優良な商品であったので、この要求なら興行師も受け入れざるをえなかっただろう。

養成所の日々は重苦しさが漂っていた。そうであっても、少なくともそこでは命を永らえる安堵感はあった。このような訓練の日々をかさねるうちに、やがて剣闘士興行の開催が近づいてくる。

2 剣闘士興行

準備と開催

剣闘士興行が開催されるに先立って、さまざまな準備作業がともなっていた。まず、見世物開催を告知しなければならない。これには触れ役《プラエコ》があたった。しかし、民衆に広く知らせるのは公共建築物の壁に塗り書きされた広告であった(図41)。ポンペイの壁には剣闘士興行の広告が少なからず残されている。代表的な事例をあげておこう。

カエサル・アウグストゥスの御子ネロの終身神官デキムス・サトゥリウス・ウァレンスによる二〇組の剣闘士の戦いと、彼の息子デキムス・ルクレティウス・ウァレンスによる一〇組の剣闘

D·LVCRETI·
SCR
CELER
SCR
AEMILIVS
SATRÍ·VALENTIS·FLAMINIS·NERÓNIS·CAESARIS·AVG·FÍLI·CELER·SING
PERPETVÍ·GLADIATÓRVM·PARIA·XX·ET·D·LVCRETIO·VALÉNTIS·FÍLI·AD LVNA
GLAD·PARIÁ·X·PVG·POMPEÍS·VI·V·IV·III·PR·ÍDVS·APR·VÉNATIÓ·LEGITIMA·
ET·VELA·ERVNT
CN·ALLEI·NIGIDI
SINE·IMPENSA·PVBLICA·GLAD·PAR·XX·ET·EORVM·SVPP·PVGN·POMPEIS
ET·CLODIO·SAL
INSTRVMENTVM·MVNERIS
DIADVMENO·ET·PYLADIONI

図41　剣闘士興行の広告　興行提供者の名前が大きく書いてある。

士の戦いが、四月八日、九日、十日、十一日、十二日にポンペイで開催される。公認の野獣狩りがあり、天幕も張ってあるだろう。アエミリウス・ケレルが月明かりで単身これを書く。［CIL, IV 3884］

見世物の内容よりも、その提供者の名が大々的に記されているのが興味を惹く。都市の有力者はなによりも自分の顔ともいうべき名を売っておかなければならなかった。このように漆喰壁に橙褐色で塗り書きされており、その下には広告がいくつも塗りかさねられていたにちがいない。それにしても、広告文の末尾に、広告ポスター書きの専門職人の売込みがあるのは笑いを誘う。

だが、民衆は見世物の内容そのものをもっと知りたがっていた。見世物開催の前日になると、人目につくところに公示されたのかもしれない。あるいは、試合の対戦取組などについての詳しい知らせが、配布されることもあったのだろう。たとえば、男と女が出会う場面を詠《うた》うなかで、天才詩人オウィディウスは「話をしたり、ふと手に触れたり、出し物のプログラムを借り受けたりし、賭けをしてどちらが勝つかなどと訊いているうちに」［史22 I 167 など］と描いている。だが、注目されるのは、このような対戦取組を前もって目のつくところに公示する場合に、帝国の東西で異なっていたことである。西部にあっては例外的にしか予告されなかったが、東部ではこのような予告は慣例であったという［文53］。

いずれにしろ、民衆は開催の前から死を待ち受ける悲壮な剣闘士たちにもひどく興味があったらしい。見世物開催の前日に、興行の主催者《エディトル》は戦う剣闘士たちを大盤振舞いの晩餐《ばんさん》に招待することになっていた。その場面に興味津々たる民衆は見物することができたという。

主催者にしてみれば、この晩餐そのものが広報活動として役立っていた。それだけに、しばしば、とりわけ贅沢をこらし盛大なものになるのだった〔文49〕。それにしても、夜が明ければ観戦できるというのに、明日には命を失うかもしれない人間が盛大なご馳走の前でどんな相貌をしているか、その一挙手一投足を知りたいという趣味の悪さ。これには開いた口もふさがらないが、そう感じるのは現代人だからかもしれない。

剣闘士競技の見世物の日がやってきた。五万人を収容するローマのコロッセウムなら、ローマ在住の民衆であふれていただろう。なにしろ住民数は一〇〇万人であるというから、入りきれないほどだった。ポンペイは人口一万数千人ほどでしかないが、円形闘技場の収容規模は二万人もある。地方都市としてもそれほど大きくはなかったのに、円形闘技場の収容能力はそれをはるかに上回っていた。だが、市街地から遠く離れた外の村々でも煉瓦や石に書かれた広告が見つかっている。そのような郊外の村人も集まっていたにちがいない。また、近隣の都市からも観戦にきたのだろう。ネロ帝治世の五九年に、円形闘技場で、ポンペイ市民とヌケリア市民との騒乱事件が起こっている〔史40 XIV 17〕（二一八頁参照）。それらの出来事も、近隣の町々からも人々が集まっていたから起こったのである。

正門前には広場があり、そこには開催日になると市が立つ。さまざまな剣闘士の姿を描いた陶器、ランプ、ガラス製品が並べられ、「お土産に」と商人たちが大声で誘い込む（二〇三頁図48参照）。華やかではずんだ群集の騒々しい声が鳴り響いていた。外から内に向かう広い出入り口は薄暗かったが、黄土色と黒で彩色された壁からは、それなりの華やいだ雰囲気がかもしだされていた。もっとも今では長いあいだの埃や煤《すす》の汚れで黒ずんでいるが、それは往時の姿ではない。

その出入り口をくぐると、観客席の下を走る狭い通路がある。観客はあらかじめ主催者が配っていた骨や粘土に刻まれた無料切符（tessera）を提示した。とはいえ、すでにキケロの時代には座席が販売されていたらしい［史7「ムーレーナ弁護」］。帝政期にも座席販売の形跡は少なくない［史9・19・39］。そこで、案内人（locarius）が座席まで連れていった。

観客席《カベア》は社会階層の身分に応じて設けられ、もちろん貴族や上層民が最前列を占めていた（図42）。たとえば、騎士身分の指定席であった最前列から一四段に座ることが禁止されている事例もある［史31 302］。切符を配られなかった下層民や外人は観客席の最上段にある立見席で観戦する。さらに、女性の席も最上段にあったというが、元老院身分の貴婦人がそこで観戦していたとはとうてい思えない。

そもそも共和政期には特権身分の座席はなかったし、男女とも一緒に観戦していたという。だが、少なくともアウグストゥス帝の布告で、観客席に男女の区別がなされるようになる［史39］。これは戦車競走場についての元老院決議であるが、ネロ帝治世には男女の分離が円形闘技場にも拡大されたらしい［史6 VII 28-29］。とはいえ、実態としては、どれくらい遵守《じゅんしゅ》されていたかはわからない。オウィディウスは、観戦が女性に近づく絶好の機会になると再三薦めているのだから、区別が厳然としていたとは思えない。

観客に求められた服装には、厳格な規定があったわけではない。だが、アウグストゥス帝が「黒服

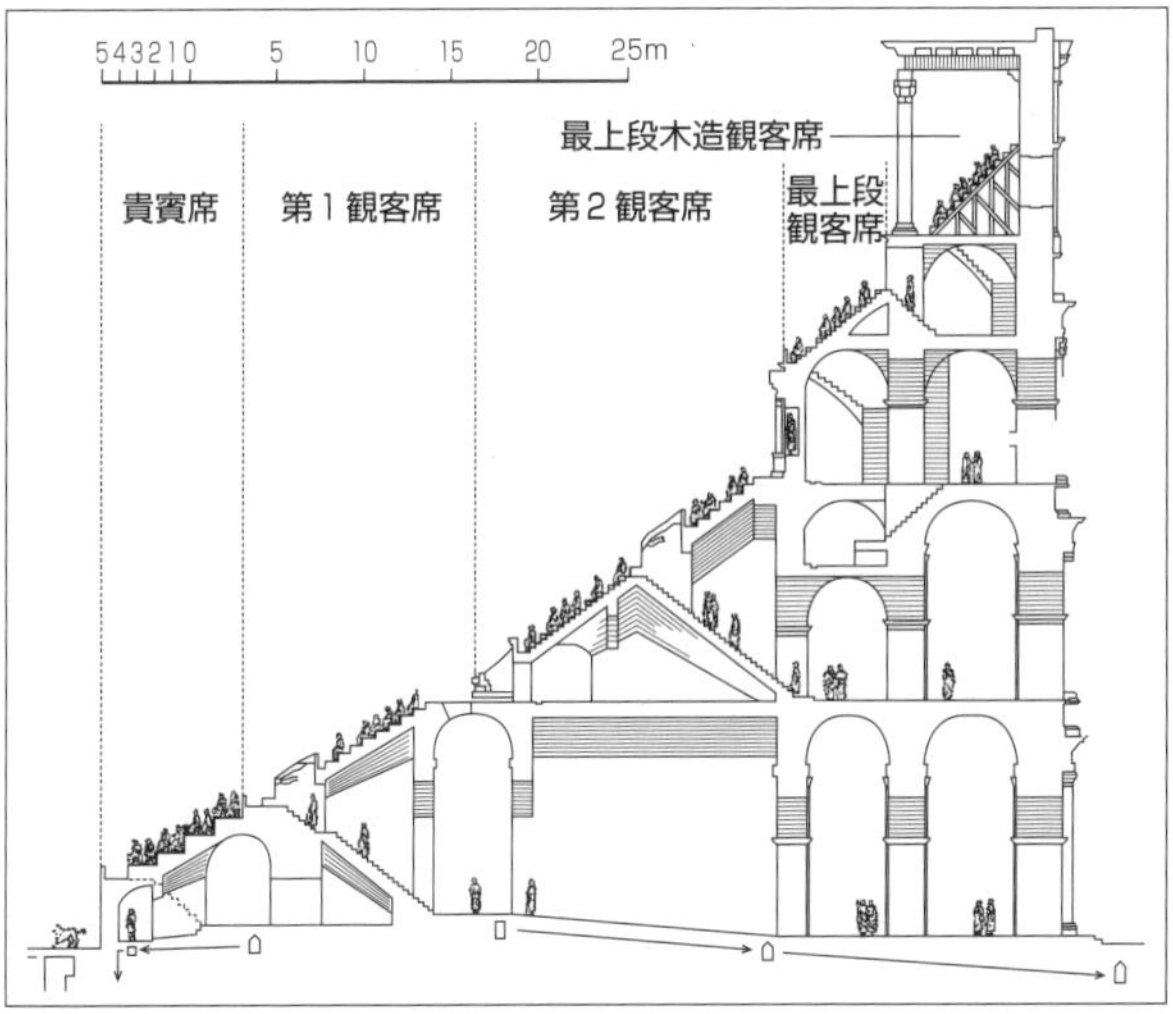

図42　コロッセウムの断面図

図43　コロッセウムの内部（復元想像図）
天幕が波打つと彩光が揺れたという。

(pullatus) を着た者は誰も中層席に座るべきではない」[史39] と規定したのだから、正装の白服《トガ》が望ましかった。もっとも同帝は古来の風習が廃れかけている現状に不満であったにすぎない。民衆にすれば、もはや世俗化した遊興の場に正装姿で行く気にはなれなかったのだろう。だが、白服ばかりが観戦する競技会に黒服できた男が顰蹙《ひんしゅく》をかっている場面もあるから [史19 IV 2]、それなりの約束事はあったのかもしれない。地方や属州の見世物ではともかく、少なくとも首都ローマでは正装が期待されていたのだろう。

座席に近い通路には食べ物の売り子がひしめき、観客はそれを買ってかぶりつくのだった。なによりも待ち望まれたのは、対戦相手の取組を掲載するプログラムだった。前もって手に入る場合もあったが、なにしろそれを見ながら賭けるのだから、熱が入る。

観客席の頭上には、しばしば日除け用の天幕《ウェラ》が張られていた (図43)。民衆の望むところはより快適に観戦したいということだった。すでにローマでは前六九年に導入されたと伝えられている [史47 II 4. 6]。通説では、滑車装置の梃子《てこ》を利用する梁《はり》であったという。軽いほどいいのだから羊毛製品でできた天幕だった。これを張りめぐらす作業には帆船で働く水夫たちが駆り出されたという [文62]。

天幕には舞台効果を狙って趣向がこらされることもある。少なくともローマのコロッセウムでは、天幕は橙褐色に染められていた。そこに陽光が当たると、砂上の舞台の色合いが次々に変わり、彩光が波打つように揺れるのだから、演出効果は満点であったという。

また、闘技場を涼しくするために、適度な湿り気をもたらす噴霧器などが好まれていた。クロッカスを撒《ま》き散らしたり、芳香を混ぜた水を撒く噴射（sparsio）を使用することもしばしばだった［史18 II 416・19 V 25, 7-8］。ポンペイの剣闘士興行の広告には、それらの設備があることをかかげているものもある［文54］。それとともに、贈物の提供（missilia）も民衆の待ち望むところだった。

観客が席に着き、進行係の触れ役《プラエコ》が登場する。出し物についての口上がなされ、まずはパレード（pompa）の行進が始まる。ここにはこの見世物で役割を果たす全員が参加する。公職者の先触れ警士、演奏者、対戦表《タベッラ》の伝達人、勝利の印である棕櫚《しゅろ》の葉をもつ伝達人、それに奴隷たちがマルス、ヘラクレス、ネメシス、ウィクトリアなどという戦いの神々の彫像を運搬台に載せてかついで行進する。

やがて主催者が輝くような愛想を振りまきながらあらわれる。見世物の代表者であったが、公人の主催者もあり、私人の主催者もいた。もちろん皇帝が主催者であることもある。たとえ集団《コレギウム》が主催するにしても、主催者はあくまでも代表格の一人であり、貴賓席の真ん中に座るのである。

それにつづいて武器を運ぶ補佐役（剣闘士は競技直前にしか武器は手にとれないので）、そして最後は主役となる剣闘士たちである。剣闘士の一群は馬車を連ねて運ばれたが、おそらく闘技場では歩いて行進した［史26 XXXV 49・37 LXX 23］。といっても、パレードには、決まった様式があったわけではなく、たとえば主役となる剣闘士たちが最初に行進する場合もあった。

しかし、このパレードは観客を喜ばせるというよりも、主催者が大衆の面前に顔を見せ、人気を得るための芝居じみた演出でもあった。だから、パレードにうんざりする観客がいたのも当然だった。「円形闘技場のパレードのごとく退屈なもの」と口にする者も少なくなかったという。

野獣狩り

午前中の出し物は野獣狩りである。剣闘士興行が見世物として世俗化したのは野獣狩りの導入とかかわっていることは前述した（九四頁参照）。一世紀の初頭から、見世物興行は二分され、午前中が野獣狩りであり、休憩の余興をはさんで、午後が剣闘士競技になる。

野獣狩り《ウェナティオ》と一口にいうが、出し物は多種多彩であった。まず、なによりも見たこともない動物が出てくることが楽しみだった。たとえばハンニバルがイタリア半島に侵入したポエニ戦争期までさかのぼれば、敵軍の象を捕獲し戦利品として展示したという。ほかにも物珍しい動物を捕獲し凱旋行進などで観衆の目を引きつけたりした。それらの珍獣の数が多すぎるようになると、見世物興行のなかで趣向をこらした出し物を演出する。

当初、首都ローマでは動物ショーは大競走場《キルクス・マクシムス》の出し物だった。やがてしだいに円形闘技場の舞台を彩るようになる。それも午前中の見世物として定着していった。出し物のなかには、訓練された動物の芸当もある。二世紀の浮彫りには、猿が二頭のラクダを操って戦車を走らせている場面がある（図44）。これなどかわいいものであるが、だんだん血なまぐさくなる。

まず、野獣と野獣とを戦わせる。たとえば熊と雄牛が戦ったりする。次に文字どおりの野獣狩りである。ゲームとしての狩りなら、狩人にはさほど危険はない。鹿などを槍で刺したり、矢で射たりする。だが、騎乗していた馬から飛び移って雄牛の角をつかみながら背に乗ったりすると危なくなる。一種の人間と野獣の格闘技であり、素手でやるロデオ兼闘牛のようなものだ。

図44　二頭のラクダを操る猿（ローマ国立博物館蔵）

図45　野獣闘士のテラコッタ（大英博物館蔵）　もう一頭に気をとられている。

そして、いよいよ武器をもつ野獣闘士《ベスティアリウス》と野獣との戦いとなる。武器は槍であったが、剣もたずさえていることもある。危険きわまりない大きな肉食獣が相手であり、普通はライオン、虎、豹、熊などであった。野獣が一頭なら、訓練された野獣闘士は恐ろしい敵でも突き殺すことができただろう。

野獣闘士がもはや十分に戦ったとか、傷や疲労でもはや戦えないとか訴えれば、善戦として認められることもあった。だが、拒否されれば、さらに戦うことを求められる。野獣闘士が手を焼いたとなると、野獣のほうにも人間を苦しめた善戦の報いとして助命《ミッシオ》が認められることもあった。むろんなかには野獣闘士を殺してしまう獣もいた。ある雌熊は何人もの野獣闘士を殺し、勝者でありつづけたという。そのために、無罪者《インノケンティア》と渾名《あだな》されたという皮肉な話が残っている。

といっても、大半は野獣闘士が勝利を収めていたらしい。しかし、命を落とす者も少なくなかった（ちなみに現代のスペインの闘牛士の死亡例をみれば、一七四七年から一九六二年までの記録で闘牛士三九八名が亡くなっている。およそ二〇〇年の期間だから、年平均二名が死亡したことになる）。というのも、複数の野獣が相手なら、まさしく命がけであった。テラコッタに残る浮彫りに、野獣闘士が一方の野獣に気をとられているうちに、他方の雌ライオンに襲いかかられている場面がある（図45）。もともと剣闘士よりも格下であったし、戦争捕虜、手を焼かせた奴隷、あるいは罪人であったから、生贄《いけにえ》になろうがなるまいが、それほどふびんだと思われてはいなかったのだろう。

生贄となると、きわめつきが重罪人《ノクシィ》である。そもそも死罪に値する犯罪人であるから、防御の技能も訓練されず、防具すら授からなかった。十分な防具をつけた野獣闘士の補佐役に鞭で駆り立てられ、野獣に立ち向かわされるのである。はなはだしい場合は柱の杭に縛りつけられ、まさに生贄にさらされた（九五頁図6参照）。そこはもはや闘技場とは名ばかりであり、まぎれもなく公開の処刑場であった［文63］。そのためか、しばしばこの出し物は野獣狩りが終わったあと、合間の出し物であった。

このような重罪人の処刑は余興というにはあまりにも残忍であった。しばしの休憩には、綱渡り芸人などの曲芸が好まれたらしい。さらには、前座闘士や縄闘士のようなパロディー剣闘士が出てきて観衆を笑わせる。これらのなかば役者のような剣闘士が命を落とすまで戦うはずはないのだが、余興の寸劇としては好評だったという。

剣闘士の対戦

さて、いよいよ見世物のクライマックスをなす剣闘士の対戦の時がやってきた。序曲となる導入部（prolusio）では、まず、屈曲する角笛《コルヌ》が鳴り響き、音楽が演奏される（図46）。トランペット、ラッパ、木管《ティビア》、さらには水圧オルガンの音が聞こえてくる。もちろん、午前中の出し物でも音楽が奏でられたが、ここではますます華やいでくるのだった。

それとともに、何組もの剣闘士が登場し、模造品の鈍い武器（lusoria）で対戦する。これは一種のウォーミングアップであり、観衆の雰囲気を盛り上げるためであった。おそらく模造品の鈍い武器とは訓練時に使用する木製の剣《ルディス》であっただろう。

これらの模擬対戦が終わると、鋭い鉄（ferra acuta）の武器が持ち込まれる。観客の前でこれらの

図46　剣闘士競技のなかの音楽演奏（トリポリ考古学博物館蔵）

図47　熟練者と新参者の対戦を描いたポンペイの落書き　新人アッティリウスの１勝目(上)，アッティリウスの２勝目(下)。

武器が鋭利であるかどうか、主催者が点検する。たとえば、ティトゥス帝が差し出された剣を自分の側に座る貴人の二人に吟味させている場面がある〔史39〕。その儀式がすむと、いよいよ真剣な対戦が始まる。

通常、剣闘士は一対一を一組《パール》として対戦する。おおかたは主催者が選択し、取組を記す番組(gladiatorum paria)として列挙されていた。この取組はほぼ同等の能力をもつ者どうしが対戦するようになっており、よく練られていた。また皇帝が主催するような大がかりな競技では、集団で戦うこともあった。たとえば、カリグラ帝の見世物では、五人の網闘士と五人の追撃闘士が戦う場面がある〔史39〕。

一対一の組合せの場合、しばしば熟練者と新参者が対戦したといわれるが(一六六頁参照)、それはあくまで例外であったともいう。というのも、白熱した試合を期待するなら、同格の力量の者が戦うのが望ましかったからだ。だから、むしろ野心があって腕を磨いた新参者は熟練者にとって危険ですらあった。

ポンペイの落書きにもその一例が残されている(図47)。新参者のトラキア闘士マルクス・アッティリウスがすでに一四勝もかさねたヒラルスを打ち負かしているのだ。さすがに熟練者のヒラルスも善戦したせいか、助命されて、命を落とさずにすんだ〔CIL, VI 10238〕。さらに、その近くにはアッティリウスの次の対戦結果まで落書きされている。ルキウス・ラエキウス・フェリクスは一二戦全勝であったにもかかわらず、アッティリウスに打ち負かされた。幸いにも助命されたのだが、本人にとってはかなりの屈辱であっただろう［CIL, VI 10236］。
それよりも驚かされるのは、新参者のアッティリウスがよほど天賦の才に恵まれていたことである。これほどの腕利きは例外かもしれないが、新参者でも不様でなかったなら、助命される場合も少なくなかったのではないだろうか。観衆の心理としては、新参者のわりにはよく戦ったという気持ちであったかもしれない。

このような対戦者どうしの特徴や経験について、闘技場の舞台で触れ役《プラエコ》が大声をあげてふれまわった。だが、なにしろ広大なばかりか騒然としているのだから、観衆のすべての耳にとどくはずがない。名前や戦歴などの情報は大きな板に書き記されてかかげられ、観衆の前でかつぎまわされた。

二人の剣闘士が登場する。彼らのあいだには審判がおり、通常は主審《スンマ・ルディス》と副審《セクンダ・ルディス》の二人であった。動きやすいようにゆったりした袖なしの上衣《トゥニカ》を着ており、ぶんぶんとしなる細長い棒をたずさえているので一目でわかる。

戦闘は滅茶苦茶な乱闘であってはならず、ある種の規則に沿っていなければならなかった。詳細はわからないが、審判はこれらの規則に従うように口と棒で指示するのである。たとえば、試合の途中で不意に防具が落ちたりしたとき、審判は二人のあいだに入って中断させたり、長すぎる試合には休憩をはさんだりした。ポンペイに残る墓石の浮彫りには、助手がマッサージをしたり、飲物をやったりしている場面がある。

しかし、なによりも大切なことは、剣闘士どうしをよく戦わせることであった。見世物が白熱するにつれ、主催者はときには拍手喝采のなかで賞賛の的となる。だが、興行が味気ないものであれば、不満と非難のまなざしをあびるのだった。規則違反をしたり戦意に欠ける態度をしたりしたときには、容赦のない体罰の警告がなされる。審判がしなる棒をうならせて叩いたりするばかりではなかった。助手に指示して、鞭や松明《たいまつ》をもって剣闘士の後ろに立たせ、ときには灼熱の鉄板をもった助手が背後にひかえていた。そもそも剣闘士としての契約（auctoramentum）に反しているのだから、処罰に値するのは当然であった。だが、このような体罰の警告は劣級の剣闘士か処刑同然の者にかぎられていたという［史7「ピリッピカ」・史37 VII 4-5］。

しかしながら、十分に訓練された武器の使い手であれば、さまざまな場面に対応して動くことができる。キケロは弁論家の演説と比べながら、剣闘士の巧みな攻守をほのめかしている。

いかにも、弁論の導入部が激しいもの、戦闘的なものであってはならないのは疑いないことであるが、まさに剣をもって雌雄が決せられる生死を賭けた剣闘士の競技においてさえ、決戦に先立つ前哨戦で、相手に傷を負わせることに資するのではなく、見栄えに資するようなことがあれこれおこなわれるとするならば、腕力ではなく、むしろ聴衆の喜びこそが求められる弁論においては、なおさらそうでなければならないのではないか。［史7「弁論家について」］

突いたり、かわしたり、見せかけたり、縦横無尽に立ちまわると、競技がわかる観衆には評価された。概して剣は短く、突くことが本来であり、切るのは稀である。防御はもっぱら楯で守り、押し返したり、誘い込んだり、攻撃するふりをして誤った反応をさせたり、楯を垂直に打ちつけたりするのだった。ときには楯の背後に剣を隠し、不意の動作で相手に襲いかかることもある。終盤になってもつれれば、取っ組み合いの格闘技になってしまうこともあった〔文40・41〕。

対戦のパターン

さて、これらの訓練された剣闘士どうしの試合について、いくつかの組合せの事例から、その対戦を想像してみよう。まず、トラキア闘士はしばしば魚兜闘士《ムルミッロ》と対戦している（図48・カバー表）。トラキア闘士と魚兜闘士とのヘルメットは似ている。どちらにも鍔《つば》があり、目から見える視角は広い。格子状の穴がいくつも開いており、頭にはトサカ状の突起飾りもあるが（図49）、魚兜闘士のものが派手である（図50）。両者の違いは防御用の楯と攻撃のための剣にある。

トラキア闘士は五五～六〇センチほどあるほぼ正方形の小ぶりの楯をもち、その重さは三キロ程度である。これに対して、魚兜闘士は高さ一メートル横六五～七〇センチほどある長方形の大きな楯をもち、重さは六～八キロある。しかし、脚の防具が魚兜闘士のものは脛《すね》から下が軽装であったのに比べて、トラキア闘士のものは全体を守るために長くて大きく、それだけに重かった。両脚それぞれの金属製の防具だけで二・二～二・五キロもあった。だから、楯の重さを考慮すれば、ほかの武器と武具も加えてほぼ一七キロ前後であり、ほぼ互角であった〔文41〕。

さらに違いは剣にある。魚兜闘士の武器はローマ歩兵がもつ「真っ直ぐな剣《グラディウス》」であったが、トラキア闘士は「湾曲した剣《シーカ》」をもっていた。だから、魚兜闘士は剣で突き刺すのであり、トラキア闘士は

図48　魚兜闘士とトラキア闘士の対決のランプ（ケルン市博物館蔵）

図50　魚兜闘士の兜（大英博物館蔵）

図49　トラキア闘士の兜（ナポリ国立博物館蔵）

切りつけることになる。狙いは相手の素肌の部位であろう。どちらも頭部を除く上半身は素肌であるが、それに加えて、魚兜闘士は脚の上部つまり膝から上の太股《ふともも》部分が素肌である。

トラキア闘士にすれば、敵が楯で太股部を防御しようとするとき、相手の肩のあたりが無防備になる。それは狙いのひとつであろう。もうひとつは、楯を持ち上げて上半身を守ろうとするとき、膝から太股部に切りつけるのが狙いであった。

魚兜闘士にすれば、敵の裸の上半身に正方形の楯が逸れる隙間を狙って突き刺すのがいいはずだ。自分の大きい楯の背後に剣を隠して意表をつくのは敵の動揺を誘ったかもしれない。あるいは、大きな楯を強みに敵ににじり寄り、力まかせに押し倒し敵が態勢を崩す瞬間が狙いだった。さらにまた、下半身の防備のかたいトラキア闘士だが、ただひとつだけ弱点があった。足先が素足だったのである。だから、重い楯を思い切り叩き落とせば、下端が当たった敵は耐えられない痛さに身動きできなくなったにちがいない。

だが、そこにはトラキア闘士の側の思惑もひそんでいる。素足の部分に隙を見せるふりをするのだ。敵の魚兜闘士が重い長方形の楯を振り落とす瞬間は絶好の狙い目になる。フェイントをかけて誘い込み、楯を振り落とさせる。そのとき敵の肩から胸の部分があらわになれば、そこを切りつけるか突き刺すかするのである。

このような駆引は、目の肥えた剣闘士ファンにはこたえられないおもしろさであっただろう。熟練度の高い剣闘士どうしの対戦が観衆の熱狂をよびおこした様が偲ばれる。その間、観る者の心をそよぐ勇壮な音楽が闘技場全体に響きわたっていたのである。

次に、もっとも人気の高い出し物だったのが網闘士《レティアリウス》と追撃闘士《セクトル》の対戦である（図51）。網闘士は、兜《かぶと》もかぶらず素顔のままで出てくる。凛々しい若者が多かったというから、それだけでファンの気を惹く。網を握る側に金属製の肩防具をつけ、ほかには布製の防具をつけるだけで、裸同然の身軽さである。武器は網と三叉槍《みつまた》である。網を投げて敵をからめとるのが一番いいが、網で叩いたり、足元をすくったりすることもできる。そして三叉槍で突き刺すのである。

これに対して、追撃闘士の防御はかたい。兜は頭と顔の全体を覆い、小さな目穴の狭い視角しかない。耳穴も極小で、音も聞こえにくい。ほかは魚兜闘士と同様の防具であるが、剣を握る手の腕には動かしやすい金属製の防具がつく場合もある。さらにまた、大きな長方形の楯で全身を守る。攻撃はもっぱら真っ直ぐな剣で突き刺すことにある。

身軽で裸同然の網闘士と防御のかたい追撃闘士はあまりにも対照的であった。想像力をめぐらせば、それぞれに一長一短があって観衆は手に汗を握ったにちがいない。もっぱら敵に近づくだけの追撃闘士であるが、注意深く動かなければならなかった。大きい楯、顔全体を覆う兜であるから、かなりの重量になる。さらに出口の小さい兜であれば、新鮮な空気が入りにくくなる。戦いが長びけば長びくほど、重量と空気の差が追撃闘士にはこたえたはずである。

その欠点に気づいているのだから、網闘士の側は素早く激しく動きながら長期戦に持ち込もうとした。追撃闘士は疲れないように着実に敵ににじり寄り短期決戦を身上としただろう。逃げ腰の網闘士

図51　網闘士と追撃闘士の対決を描いたモザイク画（ザール地方ネニッヒ）

図52　覆面部分を上げた追撃闘士（アルル博物館蔵）

に急接近した瞬間が追撃闘士には好機であったかもしれない。また逆に、疲れて息苦しくなった追撃闘士が攻撃の手を休めて兜の顔面覆いを上にあげる（図52）。その一瞬の静止状態は網を投げる側には絶好の時であっただろう。

これらのほかにも、さまざまな対戦があった。たとえば、魚兜闘士《ムルミッロ》は重装闘士《ホプロマクス》とも対戦したし、重装闘士は挑戦闘士《プロウォカトル》とも対戦した。また、一世紀半ばからしばしば登場する戦車闘士の戦いなどについては劇的効果もあって、観衆の目を楽しませたらしい。さらには、ほかにも多種多彩な趣向をこらした組合せがあったにちがいない。しかし、それらの詳細については推察するだけにしても、その根拠となる文字史料・図像史料はあまりにも少ないのである。

剣闘士の対戦は一対一が通常であったが、ときには複数どうしの戦いもあった。皇帝が主催するような大規模な見世物では少なくなかったらしい。たとえば、カリグラ帝主催の見世物では、五人の網闘士と五人の追撃闘士が戦っている〔史39〕。それらの極みは模擬海戦であろう。しかし、数百人あるいは数千人が戦ったという舞台は円形闘技場ではなく、湖や河川であっただろう。しかも、多数の死者が出たので、動員された者の多くは戦争捕虜や罪人であった。訓練された多数の剣闘士が出場したとは思えないので、狭義の剣闘士興行をあつかう本書では言及するにとどめる〔文41〕。

とはいえ、熟練した者が命がけで技術を競い合う戦いであれば、観衆の熱い視線をあびていた。観衆の熱狂ぶりは、たとえば「気合を入れろ」（adhibite）〔史25 XLV 12〕とか「あいつもこれまでだ」（hoc habet）〔史48 XII 296〕とかの声援があがることからも想像される。熱狂のあまり暴動まで起こった事件が五九年のポンペイの出来事として伝えられている〔史40 XIV 17〕。だが、それは稀な例外にすぎなかっただろう。なにしろ、この騒乱事件に皇帝権力が介入してきたときには、民衆の側からの反感をかったくらいだからだ。

それはともかく、観衆を魅了する高水準の剣闘士どうしの戦いでは、一方の死か降伏かで終わることが多かった〔史39「カリグラ」〕。とくに降伏の態度がなされたとき、殺すか生かすかには、これまでの戦績や戦いぶりが考慮されるのである。しばしば、大衆はその決定をするように主催者に促すのだった。

処刑か助命かは、これまで親指の動作で示されたと言われてきたが、これまで親指の動作について語られてきたことは、現代人が思い込んでいるほど明白ではない。「親指を曲げて」(pollice verso)〔史15 III 36-37〕と「親指を逆にして」(pollice converso)とは、どちらがどちらを指しているかは正確にはわからないというべきであろう。文献史料上では判断を保留しておくのが無難である。

もっとも、現在の冷静な解釈では「斬り殺せ」(Iugula)と叫んで親指を突き上げれば処刑し、親指を下げれば助命した、と考えられている。だから、親指を立てるのが「生かせ」(助命 missio)であり、親指を下に向けるのが「殺せ」であるというのは、二十世紀のハリウッド映画がそう決定した約束にすぎないのである。今さら糾弾しても始まらないので、現代の大衆社会が紡いだ神話の一例だという冗談にとどめておこう。

とはいえ、近年の考古学調査は、敗北した剣闘士がどのような殺され方をしたかも明らかにしてい

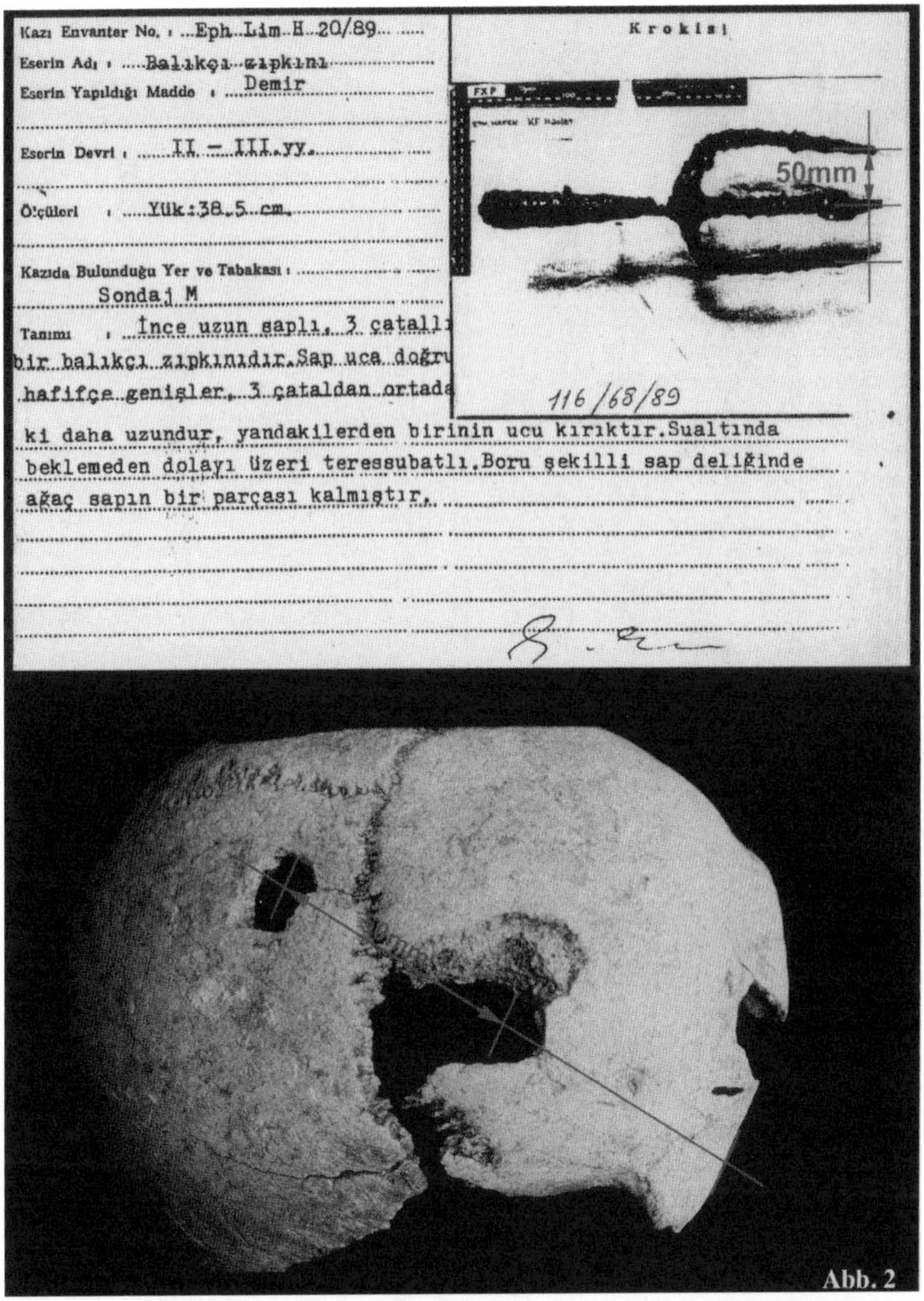
Kazı Envanter No. : Eph. Lim. H. 20/89
Eserin Adı : Balıkçı zıpkını
Eserin Yapıldığı Madde : Demir
Eserin Devri : II – III.yy.
Ölçüleri : Yük:38.5 cm.
Kazıda Bulunduğu Yer ve Tabakası : Sondaj M
Tanımı : İnce uzun saplı, 3 çatallı bir balıkçı zıpkınıdır. Sap uca doğru hafifçe genişler. 3 çataldan ortadaki daha uzundur, yandakilerden birinin ucu kırıktır. Sualtında beklemeden dolayı üzeri teressubatlı. Boru şekilli sap deliğinde ağaç sapın bir parçası kalmıştır.
Krokisi

図53　網闘士の三叉の鉾で砕かれた頭蓋骨の報告書（エフェソスの剣闘士展のカタログより）

る。最後の決定に従って、喉を刺された遺骸の事例、首から肩の部位を刺された遺骸の事例は少なくない。だが、試合中に、膝に近い大腿部を刺された遺骸もあり、頭蓋骨に三叉の鉾《ほこ》を突き刺された遺骸もある（図53）。おそらく、それらの傷が致命傷になったのであろう。

ある者は試合中に命を落とし、助命されなかった敗者は観衆の目の前でとどめを刺されて殺される。そこにカローン（Charon）とよばれる「冥府の河の渡守り」役が黒装束に死神を模した仮面をかぶって登場する。カローンは死者の額を小槌で強打してその死を確認するのである。死体は鈎鉤《つりかぎ》をかけて引きずり出されたり、台車で運ばれたりした。死体を運び出す専用の通路は葬礼門《ポルタ・リビティネンシス》とよばれ、そこを通って、遺体処理場《スポリアリウム》に安置される。そこで奴隷たちが防具を剝ぎ取ったのである。このような儀礼業務は正規の手続きというよりも見世物を活性化するのに役立ったという［史44 I 10・史45 XV 5］。

勝者は勝利の印として棕櫚の小枝を受けとり、戦いぶりがとくに人々の心を惹きつける者であれば、花冠をかぶせられた。それだけではなく、よりわかりやすく賞金や高価な物品が与えられたのである。たとえば、クラウディウス帝は「勝者に金貨を与えるとき、大衆と同じように、衣服から左手を出し、声をあげ指で枚数を数えた」［史39］という。

しかし、稀には引分けという場合もあったらしい。戦闘に明白な結果が出ないまま、剣闘士が両者とも強健であり、どちらも相手を打ち負かせないでいる状態がつづく。このような勝者の決まらない激闘の場合、「立ったままの助命」（stantes missi）［*CIL*, X 7297］として引分けであり、両者とも元気な姿で退場した。観客が満足すれば、両者とも讃辞を惜しまれなかったという。

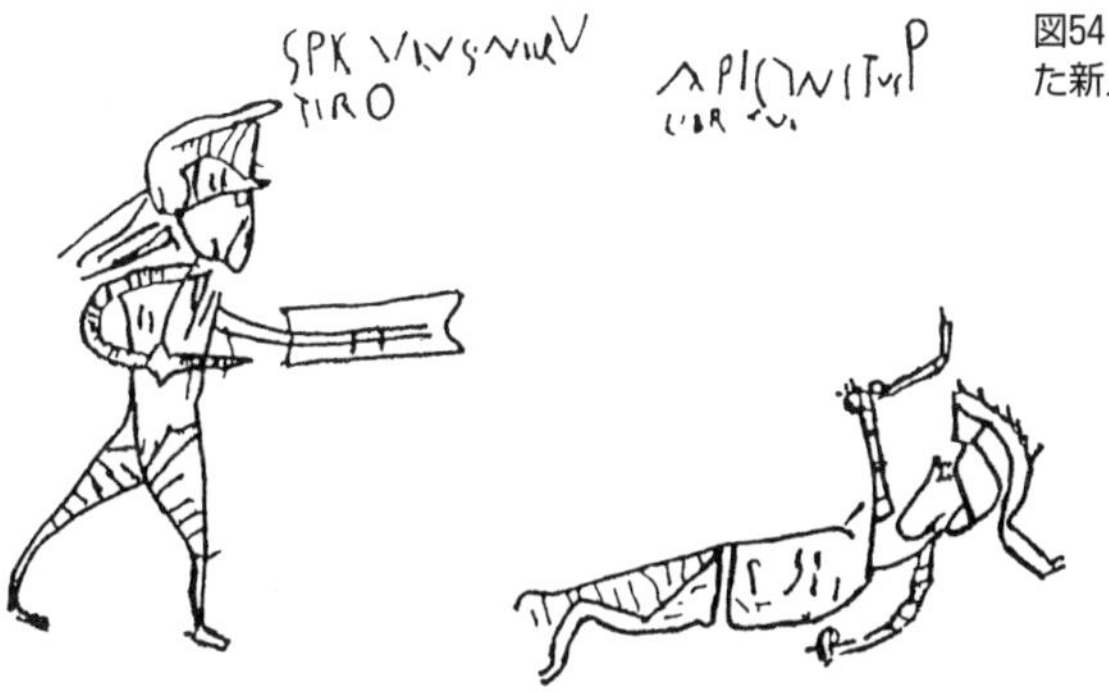

図54　熟練者を敗死させた新人を描いた落書き

死の確率

剣闘士の興行は普通は数日間つづく。そのような興行の試合において剣闘士が死亡する確率はどのくらいだったのだろうか。一世紀に関する史料を調べると、次のようにいえる。エーゲ海北部のタソス島の事例では七つの対戦中に敗者一人の喉切りが記されている。ポンペイの記念碑では二戦中に敗者一人、八戦中に敗者二人の喉切りがみられる。イタリア中西部の町ウェナフルムの碑文では五戦中に敗者の死亡はみあたらない。テヴェレ河畔の浮彫りでは二戦中に敗者一人が殺されている。

このような事例はポンペイの落書きからもうかがえるが、いささか注意しなければならない。落書きは現実をそのまま反映するわけではない。想像の世界で遊ぶこともできるのだ。

図54の勝者と敗者にはそれぞれ以下のような落書きがみられる。

SPICULUS NER(onianus) TIRO V(icit).

ネロ養成所の新人スピクルスは勝利した。

APTONETUS LIB(e)R(tus) XVI P(eriit).

解放奴隷アプトネトゥスは一六勝して死んだ。［CIL, IV 1474］

一六勝の歴戦の勇士アプトネトゥスが敗死した。勝利したのは初出場のスピクルスである。この男はのちにネロ帝時代の魚兜闘士として名をあげたらしい。ネロ帝から高額の贈物をもらっているし、ネロ自害の介添え役として所望されたほどである［史39］。おそらくこの落書きはこの剣闘士の強さを誇らしげに描くあまり、熱狂的なファンが往時を誇張したものだろう。というのも、敗者アプトネトゥスは自由人身分にありながら雇われた剣闘士であり、よく知られた人だった。落書きはそれほどの剣闘士を初戦で片付けた新人の強さを強調したかったにちがいない。そこで、この落書きは誇張されたものか、想像されたものかということになる。こうした歴史的背景に留意しながら事例を点検してみると、八戦中一例しか死亡を確かめることはできない。

そこでこれまでの事例を総計すると、三二例中六例の死亡という結果が得られる。言い換えれば、一〇〇組の対戦で一九人が喉を切られて殺されたことになる。さらにわかりやすくすると、五組の対戦があれば一人が喉を切られたのである。一〇人の剣闘士が闘技場の舞台に出ると一人が殺されたわけだ。もちろん、これらの数値がそのまま現実を反映しているとはかぎらない。だが、鵜呑みにしなくとも、ある程度の目安にはなる。そこから剣闘士興行の実態がいささかなりとも具体的に描けるのである。

私見では、想像するほど多数の死者が出たようには思われない。剣闘士の試合はそれほど陰惨で血なまぐさいものではなかったのかもしれない。ただし、ここで言及した史料はすべて一世紀のものである。地中海をめぐる広い地域が安泰になり、「ローマの平和」とよばれる時代だった。この繁栄のなかで人々が熱狂した剣闘士の試合だが、それは必ずしも淫靡《いんび》な死臭の漂うものではなかったようである。

これまで述べたことは一世紀の実情を物語っている。その後、時を経るにつれ、事態は変わっていく。およそ二〇〇年ほどが過ぎると、剣闘士試合において敗者が死ぬ確率が大きく変わる。剣闘士の名簿に記録されるのは勝利数ではなく戦闘数だけになっていたらしい。まるで勝つことは生き残ることであるかのようである。

ローマのボルゲーゼ美術館に残る四世紀のモザイクでは、敗者のすべてが喉を切られて殺されている（二四三頁図59参照）。敗者を喉切りにする制裁が通例となっていったのかもしれない。とくに注目されるのがローマの南方に位置する町ミントゥルナエの碑文［*CIL*, X 6012］である。この三世紀半ばの碑文のなかで、驚くべきことに、四日間の興行で一一組の戦いがあり、一一人の喉が切られたと記されている。まるで興行主は敗者のすべてを喉切りさせたことを自負しているかのようだ。

いったいそこにはどのような変化があったのだろうか。民衆はどのような目で剣闘士の戦いをながめていたのだろうか。一世紀のころまでは、敗者は必ずしも殺されるわけではなかった。しかし、それ以後の時代になると、剣闘士の試合はもはや格闘技として楽しまれるのではなくなりつつあった。スポーツとしての意味を失っていったような気がする。

そこには正真正銘の危険をともなう死闘があった。血なまぐさい戦闘のなかで、剣闘士の一方が追い詰められる。その場面を見ながら、観衆は心を躍らせたのだろうか。敗者の運命は興行主に委ねられ、死刑を言い渡される人間の表情に観衆は注視する。喉を切られる人間を見ながら、民衆はえもいわれぬ悦楽にひたったのだろうか。おぞましく目にしたくないのに、それを凝視する。それはまさしく死骸を見る楽しみでもあったのかもしれない。

興行主の側からすれば、喉切りは剣闘士という資産を損失することだった。それにもかかわらず、彼らは競って多くの死体を民衆に提供したらしい。なぜなら、殺される場面が多ければ多いほど興行主の気前のよさが民衆に伝わるのである。出惜みはケチくさいとみなされていたのである。

こうした解釈はヴィルという学者によるものだが、おそらく剣闘士の歴史を分析するときには、重要な側面を掘り起こしている。しかし、これを掘り下げることは、また別の課題に直面することになる。

生き残る確率

これらの剣闘士のなかで、どれくらいの者が最後まで生き残ることができたのだろうか。ひとまず、これまで示唆されてきたことに耳を傾けておこう。

木剣（rudis）は頭首によって養成集団のなかで高度な能力保持の象徴として与えられるものであり、養成集団における指導を担う訓練士や教練士の印でもあった。彼らは木剣拝受者《ルディアリウス》とよばれ、これによってひとまず自由を確保したことになる。しかしながら、闘いに呼び戻される可能性がないわけではなかった。たとえば、ティベリウス帝は「亡父追悼の剣闘士試合を中央広場で、祖父追悼の剣闘士試合を円戯場で催し、すでに引退していた剣闘士も一〇万セステルティウスの賃金を与えて召集していた」［史39］とある。木剣が与えられるのは三年満期後のことであり、完全な自由は五年満期後に革製あるいは布製の帽子《ピレウス》が与えられることによって認められた。このような慣習は、法学者ウルピアヌスが「剣闘士養成所におとしめられても必ずしも命を落とすわけではなく、さらに一定期間ののちに帽子と木剣を受け取ることができる者がおり、彼らには五年後に帽子を、三年後に木剣を帯びることが認められることになっている」と述べていることからも理解される。しかし、必ずしも三年終了後に木剣が、五年終了後に帽子が与えられたわけではない。クラウディウス帝は、息子たちが剣闘士の父親の隠退を嘆願したとき観衆がそれを支持したので、木剣を与えたと伝えられている［史39］。おそらくそれらの授与は勝利度数や人気に左右されたものと思われる。

　こうしたことを念頭におきながら、剣闘士たちが生涯のなかで、どれほどの数、戦ったのか、あるいはどれほどの期間この活動にあったのか、と問いかけてみなければならない。

　ポンペイの遺跡には大劇場と小劇場が残っている。それらを結ぶ通路の壁に興味深い落書きがある。二人の剣闘士が相向かい合う絵図があり、そのあいだに人名と数字が描かれている（図55）。

ウィリオタル	一五〇	ウァレリウス	二五
アモニウス	七五	セルウィリウス	一〇〇
マルクス	五〇	セクアヌス	七五

図55　剣闘士の名前と勝利（あるいは戦闘）数の落書き

セドゥラトゥス	二五	ウィリオダル	七五
エトファグス	五〇	オナルトゥス	七〇
セクスティウス	一〇〇	ウィリオタル	一五〇
ヴァレリウス	七五	ヴァレリウス	七五

[*GraFig.* p. 34]

剣闘士の名前と対になって数字が列挙されている。この数字は一桁の数が零か五になっているから、きわめて大ざっぱなものであったにちがいない。おそらく戦闘数を物語るものであろう。それにしても大きい数字である。

戦闘数がどうあれ、戦うためにはまず生きていなければならない。戦いに勝利すれば、生きていられる。引分けでも同じだった。さらに、負けても善戦したと認められれば、助命されて死ぬことはない。それらが剣闘士にとって生存の条件である。

前述したように、五組の剣闘士が戦えば、一人の剣闘士が殺されている。つまり、一〇人のうち九人は生きるが一人が死ぬことになる。それが一世紀のころの実情であったという。

これを計算上の手続きでみていくと、ある剣闘士が一日五組の見世物に一〇回出場した場合には、一〇分の九の一〇乗という確率で死をまぬがれることになる。その数値は〇・三五になる。もはや一〇人のうち三人か四人が生き残るにすぎない。同じように計算をくりかえせば、二〇回出場の場合、〇・一二になり、一〇人のうち一人しか生き残れないことになる。三〇回出場の場合、〇・〇四になり、一〇人のうち一人が生き残れば幸運であり、まったく生き残れない場合も少なくないわけである。

しかしながら、さまざまな事情を考慮すれば、これらの数値には留保すべき点がある。まず一〇人のうち殺された一人が補充されなければ、次の五組は成立しない。その補充される剣闘士はおそらく新人か未熟者であろう。彼らは十分な訓練を受けていないか、少なくとも実戦経験は乏しいにちがいない。そうであれば、戦いで負ける可能性は高い。生き残るにはせいぜい善戦を認められ助命されるしかない。

これとは逆のことが実戦を積み重ねていく者にはあてはまる。実戦をかさねても死をまぬがれる者は、戦いに勝つか、負けても善戦を認められ助命されるかである。そのたびごとに、彼は実戦のキャリアに恵まれていくのだ。つまり実戦経験のたびごとに、それだけ生き残る可能性は相対的にみれば高くなるわけである。

これらの事情を考慮すれば、次のような事態が想像される。新人のように実戦経験が少ない者ほど死に直面する可能性は高い。おそらく新人のうち二人に一人は殺される運命をまぬがれなかっただろう。逆に、実戦を積み重ね腕を磨けば、勝者となるか、善戦する者となるか、いずれにしろ彼は強者として観衆の期待に応える術にたけてくるにちがいない。

剣闘士の実戦経験に思いをはせれば、おそらく二〇回以上も戦った者は、めったなことでは殺されずにすんだのではないだろうか。少なくとも一〇人に一人くらいは生きたまま舞台《アリーナ》を去ることができたのではないだろうか。もっともこれは五組一〇人の剣闘士が戦うときに九人が生き残るという一世紀の事態を想定してのことである。

ところで、統計上の確実な数字をあげられるわけではないが、およそ二〇回以上も戦った経験をもつ者は、そうやすやすと殺されたわけではないと指摘した。それにはもう二つばかりの理由がある。ひとつは剣闘士には等級があったということであり、もうひとつは等級に応じる資産価値があったということである。

先に養成所の集団生活のなかでは、新人から始まり、准師範級、師範級までの階層差をあげておいた。だが、訓練度や強さのほかにも、剣闘士を見つめるまなざしがあった。「もっとも優れた、もっとも価値ある剣闘士は美形の者である」といわれているように、イベリア半島出土の碑文には「凡庸なる群れ、未熟者、上級者、最上級者、端麗者」が列挙されている（一五五頁参照）。そうすれば、等級が高く資産価値のある剣闘士はめったなことでは殺されなかったこともわかる。美形で強い剣闘士であれば、対戦相手の力量にも恵まれることが多かっただろう。剣闘士の所有者からすれば、おいそれと資産を失うわけにはいかなかったのである。このような配慮が、資質に恵まれた剣闘士に経験をかさねるたびに命を亡くす危険から遠ざからせることにもなった。しかし、時を経るなかで、そのような配慮も薄れていくのである。

二世紀あるいは三世紀になるにつれて、善戦して負けても助命される機会は少なくなるらしい。勝者のみが生き残るという事態が推測されている。それを示唆するような場面が少なくない。そうであったなら、これら剣闘士が生き残る可能性ははるかに低くなっただろう。二〇人に一人、あるいは三〇人に一人しか、剣闘士を終えるまで生き残れなかったかもしれない。

とはいえ、一世紀ころまでの事例にかぎれば、前記のような理論上の数値は現実に書き残されたものからもうかがうことができる。やはりポンペイの落書きのなかに二人の剣闘士を描いたものがあるが、そこには次のように記されている(図56)。

ネロ養成所のヒラルスは一四戦して栄冠一二回、そして勝利した。

クレウヌスは七戦して栄冠五回、そして助命された。[*CIL*, IV 10237]

ここからわかるのは、ヒラルスは一四戦一三勝、助命一回の強者であること、クレウヌスは七戦五勝、助命二回であることである。ほかにも、どこにでも同様の落書きがある(図57)。

ルスティクス・マンリウス一二戦、栄冠一一回。[IV 4302]

ネロ養成所出身のプリスクス六勝。解放奴隷ヘレンニウス一八戦目にして死亡。[IV 1421]

自由民セウェルスは勝利一三回にして、死亡せり。左利きの自由民アルバヌスは勝利一九回にして、勝利せり。[IV 8056]

これらの事例から、勝敗あるいは生死を問わず、いずれも二〇戦以下くらいの戦いしか経験してい

図56　ヒラルスとクレウヌスの戦歴を描いた落書き

図57　セウェルスとアルバヌスの戦歴を描いた落書き
アルバヌス(右)にはSC(aeva)「左利き」が特記されている。

ないことである。つまり二〇戦以上も戦うことは、それほど多くはなかったといえるのではないだろうか。このことをさらに裏づけるには、一人の剣闘士が一年に何回くらい戦ったのかということ、また、何年くらい剣闘士として働いていたかということをも検討すべきであろう。

一年間における剣闘士の実戦数には、開催時期の問題もからんでいる。ローマにあっては、カリグラ帝治世から、財務官主催の公式の剣闘士興行だけは十二月に固定されている。だが、皇帝であれ、ほかの私人であれ、随意の開催はとくに制限されることはなかったようである。ポンペイについてはもっぱら春の開催であった［文49・50］。

ところで、開催日数については、いかなる約束事があったのだろうか。アウグストゥス帝の前二二年の規制によれば、国家の公人や属州の二人委員が開催する興行（lex Ursonensis［*CIL*, II 5439］）では、最大限四日と定められている。この規定は通常は尊重されていたようだが、ポンペイでは一日開催から五日開催まであったという。

さらにまた、対戦数については、どのような制限があったのだろうか。皇帝による開催はまず例外としなければならない。アウグストゥス帝の治世には八回の開催で五〇〇〇組の対戦があったという［史34］。同じ前二二年の規定は一回の見世物興行（munus）で一二〇組を最大限としている。このような多くの対戦はおそらく首都ローマのような大都市にかぎられていた。地方都市に目をやれば、対戦数が多いだけが求められたわけではない。主催者にすれば、いかに民衆に受け入れられ喜ばれるかが問題なのである。

これらの対戦のなかで、一開催中に二回以上戦う剣闘士（トラヤヌス帝死後の凱旋式の事例［CIL, VI 10194］）もいたし、補充闘士の事例からわかるように、一日でも二回以上戦わざるをえない剣闘士もいた。補充闘士（suppositicius）とは第三番者（tertiarius）ともよばれ、おそらく重罪人の剣闘士が勝者となってもすぐに戦う相手となる挑戦者である。円形闘技場において、さらに白熱した戦闘をつくりだすための趣向であった。

しかし、それらを例外とすれば、一人の剣闘士が実戦に出るのは年数回ほどであったと考えておきたい。というのも、各地で開催される見世物がしばしばおこなわれたとは考えがたいからである。いざ開催となると、その財政負担は、公費にしろ私費にしろ、かなり重荷になるものだった。ポンペイの壁面広告から推察すれば、ほぼ春期にかぎって開催されているのも、そのあたりの事情を物語っている。そうであれば、剣闘士の集団が移動する範囲はかぎられていただろうから、これらの剣闘士は年数回の見世物に登場したと考えるのが自然ではないだろうか。

次に検討すべきは、どれほどの期間にわたって剣闘士が活動していたかという問題である。カエサルの部下アントニウスを弾劾《だんがい》する演説のなかで、キケロは「剣闘士は有能だと、すぐに木剣を手渡される、というわけか」［史7「ピリッピカ」］という修辞法を用いている。もちろん木剣（rudis）とは剣闘士が引退して自由の身になる認可の印である。また「首都で六度の勝利は、剣闘士でも難しい」［同］という比喩も用いている。たった六度の勝利を得るのすら難しいとはいえ、あくまで首都ローマでのこと。おそらく俊英が集まる首都だから、剣闘士の水準もかなり高かったことがその背景にある。逆にいえば、地方都市では六度くらいの勝利はそれほど難儀なことではない、ということになる。

このような修辞的な比喩の事例から、普通の力量をもつ剣闘士が生き残って木剣を拝受するには、かなりの年月を要したということが推察される。史料には、かなり誇張された事例も少なくない。「疲れきった歳」「老いぼれ」「もうろく」という形容句のついた剣闘士が登場している。

それほどの高齢ではなかったにしろ、「もうとっくの昔に顎の下に剃刀をあて、二の腕は切られて引退休養を待っていた」セルギウスなる花形剣闘士［史15 VI 105–106］も出てくる。ローマの青年たちの慣習では、二十一歳までは顎鬚《あごひげ》を生やし、それ以後は剃り落としたという。だとすれば、木剣を待ちわびているセルギウスなる剣闘士はもはや二十代後半くらいの歳だったはずだ。

じっさいの碑文のなかには、これら木剣拝受者《ルディアリウス》あるいはそれに準じる師範級（primus palus）の戦闘数が記されており、一六戦［*CIL*, VI 10189］、一三戦［V 5933］、一一戦［VI 10184］、一一戦［VI 10178］、七戦［XIII 1997］の五例がある。これらのなかでも七戦の事例（三世紀のリヨン）は例外というよりも、助命が認められがたくなっていた時代を反映しているように思われる。前の四例が一世紀末から二世紀のものであることを考慮すると、三世紀ころになると有能な剣闘士でも早く引退しなければ生き残れなかったことが推察される。

このような剣闘士の活動期間をめぐって考えるとき、剣闘士の墓碑はなんらかの手がかりを与えてくれる。対戦数と享年が記された諸例をあげておこう。

一八戦して三十八歳で亡くなった古参のトラキア闘士［*CIL*, VI 10192］

二〇戦して二十五歳で亡くなった戦車闘士［XII 3323］

一九勝して二十歳でなくなった網闘士［VI 33983］

四年の養成所生活で五戦して二十一歳で亡くなった挑戦闘士［VI 7658］

五戦して二十二歳で亡くなった追撃闘士［III S. 8830］

三四戦二一勝にして三十歳で亡くなった追撃闘士［X 7297］

一六戦して二十二歳で亡くなった師範級の追撃闘士［VI 10189］

一三戦して二十二歳でなくなった師範級の追撃闘士［V 5933］

八戦目に二十三歳で亡くなった網闘士［V 3466］

一一戦して二十七歳で亡くなった剣闘士［V 3468］

八戦して二十二歳で亡くなった騎馬闘士［VI 10167］

などの諸例がみられる。これらをみれば、以下のような傾向がはっきり浮かび上がるのではないだろうか。戦闘数からいえば、ほとんどが二〇戦以下である。享年に注目すれば、ほとんどが三十歳以下である。

この数値は、イベリア半島に関する平均値からも、同様の結論にいたる［文25］。すでに前一世紀初めにはローマの属州に編入されていたヒスパニアの地から、一六枚の剣闘士墓碑が出土している。そのうち戦闘数あるいは勝利数がわかる墓碑は九枚であり、二戦から二〇戦以上（二〇勝としか記されていないので）までが記されている。平均すれば一一戦以上になり、おそらく一二戦ほどに落ち着く。

また、享年に目を向ければ、死亡年齢がわかる墓碑は一〇枚ある。年齢は二十歳から三十五歳まであり、平均すれば二十八歳になる。

これらの史料上の数値から、剣闘士の戦闘数と活動年数について、おおよその目安をつけることができる。おそらく年に三、四回ほど対戦し、五、六年にわたって活動していたのではないだろうか。およそ二〇戦未満で、命を失うか生き残れるかの瀬戸際に立つのだ。彼らのうち勝ちつづければ（ときには負けても善戦したと讃えられれば）、幸運にも木剣拝受の栄誉にあずかり、晴れて引退し自由な身分になることができたのである。

一世紀ころの事情を想定すれば、生き残って木剣拝受者になれる剣闘士は二〇人に一人くらいの割合だった。前述したように理論的に推察しても文字史料の残存から推察しても、この確率は根拠のない無理な数字ではないように思われる。ひとまず筆者はこの仮説的数値を提示しておきたい。

それならば、この項の冒頭であげたポンペイの落書き（二一五〜二一六頁）はどうなのだろうか。列挙された剣闘士のなかには同一人物とおぼしき者もいないわけではない。しかし、とりあえず一四名としておくと、このうち二五戦の二名を除けば、残りの一二名はすべて五〇戦以上である。それがありえた出来事であれば、そこにはどのような事情があるのだろうか。

剣闘士は卑しい身分であったが、命がけの競技であるから、人気者でもあった。勝ちつづける強者はますます称賛をあび、さらに美形であれば花形の大スターであった。しかし、彼らが、木剣拝受者となって引退したとすれば、どうなのだろうか。もちろん、命を永らえホッと胸をなでおろす者も多かったにちがいない。だが、なかには、それにもの足りなさを感じる者もいたのではないだろうか。諷刺詩人ユウェナリスはそのあたりの心情風景を示唆しているかのようだ。

だが彼は剣闘士だった。このことがこれらの輩《やから》を美少年ヒュアキントスのように見立てさせるのであり、剣闘士であることこそが子どもよりも祖国よりも姉妹よりも亭主よりも女が大事にしたことだった。愛されるのは鉄の剣なのだ。この男もひとたび木剣を手にすれば、夫のウェイエントのように見え始めただろうに。[史15 VI 110–113]

元老院議員の妻であるエッピアは剣闘士のセルギウスにのぼせて、エジプトの果てまで見世物興行にくっついていったという。セルギウスはおよそ美形とはいえないばかりか、むしろ醜悪なくらいの男だった。でも、彼はまがりなりにも花も実もある剣闘士だった。その生死を賭けて戦う男であることがエッピアにはたまらない魅力だった。もし剣闘士でなくなれば、セルギウスは取り柄もなく退屈きわまりない夫のような人物にすぎなくなってしまう。剣闘士セルギウスには、そのことがよくわかっていたにちがいない。ここでは諷刺詩の内容が史実であるかどうかは問題ではないのだ。そのような実話もどきが当時のローマ人には身近な出来事だったことに注目しなければならない。

もちろん、女性にもてはやされるというだけではなかった。むしろ花形のスターであることそのものが、人によっては命よりも大事であったかもしれない。拍手喝采をあびチヤホヤされるという境遇には何事にも代えがたいものがあったのだろうか。さらにまた、これらの剣闘士のなかには戦うこと自体が心ときめくスリリングな体験であったかもしれない。セネカはティベリウス帝時代の魚兜闘士《ムルミッロ》が見世物闘技の少ないことを嘆いて「ああ、なんと良きご時世がもう過ぎ去ってしまったのか」［史36「神慮について」］と口にするのを聞いたことがある。今日でも、外人部隊に志願する者には、このような戦闘愛好の嗜好があるという。

こうして敗者の屍を乗り越えて勝ちつづける歴戦の勇者たちへの声援はますます高まる。ポンペイの壁面落書きをのぞいてみよう。

アウグストゥス養成所出身のナシカ六〇戦［*CIL*, IV 5275］

ネロ養成所出身のアストロパエウス一〇七勝。オケアヌス五六戦目に助命［IV 1422］

なかには、それらをからかうかのような落書きもみられる。

お前はすべての試合を勝ち抜いた。それは七不思議の一つだ。［IV 1111］

これらの落書きは観衆のまなざしをほのめかしているのではないだろうか。多くの剣闘士たちが二〇戦たらずで、不運にも命を落とす運命にあった。そのようななかには、幸運にも木剣拝受の恵みにあずかり命を永らえる者もいた。だが、そのような木剣拝受のための戦歴や年限をめぐる数量的な慣例があったわけではない。勝ちつづければ引退できる境遇にあっても、あえて戦う道を進む者もいたのである。それこそが生死を賭ける剣闘士という身分の魔力でもあった。

第三章——流血の見世物が終焉するとき

1　剣闘士競技批判

キケロとセネカのまなざし

民衆への見世物のなかで、剣闘士興行と並んで人気があるのが、戦車競走である。しばしば「パンとサーカス」とよばれ、ローマ社会の怠惰ぶりの代名詞として用いられることもある。そもそも、諷刺詩人ユウェナリスが「かつて権力や勢威や軍事などのすべてに力を注いでいた市民たちも、今では萎縮して、たった二つのことだけに気をもんでいる。パンとサーカスだけを（panem et circenses）」〔史15 X 78-81〕と嘆じたことに由来する。ここでサーカスという訳語は曲芸ではなく、馬に曳かれた戦車が走る楕円形の競走路《キルクス》を意味するのだ。

これら二大娯楽は日常生活のなかでもしばしば話題になることだった。歴史家タキトゥスですら剣闘士競技と戦車競走への人々の熱意を際立たせている。

剣闘士と戦車競走よりほかのことを家庭で話題にする人はめったにお目にかかれないのではな

いだろうか。講堂に入っていくときでも、若者たちがこれら以外のことをお喋りしているのを聞くことなどあるだろうか。〔史42〕

修辞学について語っているのだから、いささか誇張されているかもしれない。しかし、これらの見世物に熱中する民衆の姿が並々ならない様は察してあまりある。戦車競走は規模が大きい催しであるから、大都市でしかみられなかった。だが、剣闘士興行なら、中規模都市でも開催されていた。だから、なおさら人々の関心は高かった。ポンペイ出土の素焼の哺乳瓶には剣闘士の姿が刻まれている（図58）。まるで乳飲み子にすら剣闘士の強さと勇気を吸い込ませているかのように。これほど生活風景にありふれていたのだから、成人してしも身にしみこみ肌になじんでいたにちがいない。

もはやこれ以上の多言はいらないだろう。それほど人々の興味をかきたてた剣闘士の見世物であったのに、なぜ歴史の舞台から姿を消すことになったのだろうか。その原因あるいは理由への問いかけは、この見世物の歴史的・社会的意味を問うことにもなる。

もともと剣闘士の戦いという流血沙汰にまったく批判がなかったわけではない。かつて故人の魂にとって流された血は滋養でもあり慰めでもあるという宗教的意味が強かった。そのような時代ならともかく、剣闘士競技が見世物娯楽となっている世相では、もはやそれをもてはやす気にはならない人々がいた。文人政治家キケロなどはその代表格であろう。

首都ローマの民衆には大挙して集まる機会がいくつかあった。そのひとつが剣闘士競技のときである。しかも、このときほど民衆の感情が赤裸々に露出することはない、とキケロは指摘する。そこで

図58　剣闘士の対戦が刻まれた哺乳瓶（ケルン市ローマ・ゲルマニア博物館蔵）

は、称賛される政治家もいれば、悪態をつかれる政治家もいる。これら民衆の露骨な態度にキケロは好感をいだくことなどなかった。心底では民衆を軽蔑していたが、彼とて侮蔑の念をあからさまにしたわけではない。愚劣な民衆といえども、なおざりにすることはできないのだ。しばしばこれら衆愚の思惑が政治の動向を左右していたのだから。

だからといって、剣闘士競技を提供することなどキケロにとっては無駄きわまりないことだった。

一般に、気前のいい人には二種類ある。浪費家と篤志家である。浪費家がおこなうのは饗応、食肉分配、剣闘士の興行、祝祭や対野獣格闘技の設営などで、金をつぎ込んだ事業についての記憶は短いあいだしかつづかないか、まったく残ることがない。それに対して、篤志家は自分にできる範囲で、盗賊に捕らわれた人々を身請けしたり、友人のために借金の肩代わりや娘の婚礼資金の援助、あるいは、資金獲得や殖財の手助けをする。〔史7「義務について」〕

ここには剣闘士の見世物など一時のなぐさみにすぎず、民衆の軽佻《けいちょう》浮薄《ふはく》におもねることは無駄だという思いがある。キケロにはおよそカエサルのような気前のよい大盤振舞いなど理解しがたいことだっただろう。その裏には功利的で分別くさい心情がひそんでいたのではないだろうか。いみじくも、キケロみずから「私ほど臆病な人はいない。だが、私ほど用心深い人間もいない」〔史7「ピリッピカ」〕と語っている。その心情は同時代の人々の多くが共感するようなものではなかった。キケロにとって、愚かなのは阿鼻《あび》叫喚《きょうかん》する民衆であり、流血の見世物そのものが非難されるものではなかった。

だから、剣闘士の見世物に注がれるキケロのまなざしには、いささか複雑な面がある。不様な姿をさらすことを潔しとしない剣闘士には、称賛の声さえもらしている。

まともな剣闘士で、呻き声をあげたり、表情を変えたりする者がいるだろうか。立っているときはもとより、倒れたのちも、いったい誰が恥ずべき姿をさらすだろうか。倒され、最後の剣を受けろと命じられて、いったい誰が首をすくめるだろうか。これが訓練、反復、経験の力である。「薄汚くて、今の暮し、今の地位がぴったりのサムニウム族の男」〔サムニウム闘士〕にそれができるとすれば、誉れのために生まれた男が、訓練と理性によって強められないほど弱い魂をもつことがあるだろうか。剣闘士たちの見世物は、非人間的だという者は少なくない。そして、今のあり方ではそうではないとは私にもいいきれない。しかし、罪人たちが剣を交えて戦っていたころには、苦痛や死に対する訓練として、聴覚に訴えるものは数多くあったが、視覚に訴えるものとしては、これ以上効果的なものはなかったのである。〔史7「トゥスクルム荘対談集」〕

ここでは、剣闘士の見世物が苦痛や死に対する訓練の場として大きな効用があることが、強調されている。じっさい、そのような訓練の影響はキケロ自身の態度にもみることができる。彼はこの書を執筆してから三年後の前四三年十二月七日に刺客に殺害されてしまうのだが、そのとき彼は首をすくめたりしなかったという。

キケロより四世代後の文人政治家セネカになると、見世物への批判はいささか趣きが異なってくる。金銭や名誉を求め、他人の目を気にしながら、俗事の雑務にあくせくして多忙な生活を送る。それがいかに無益なことであるか。セネカはなによりもそれを問題とする。豊かで自由な精神を取り戻し安らかな晩年を過ごす。そのためには、どうすればよいのか。彼はそのためのさまざまな工夫や心構えを説く。そうしたなかにあって、彼が強調するのは大衆を回避することであった。大衆のなかにいると、家を出るときもっていた心の状態ではどうしても帰れない。なにかがかき乱され、かつて退けたものすら戻ってくる。そして彼はこう書き加える。

しかし各人の心の良い状態にとってもっとも有害なのは、ある種の見世物に熱中することをおいてほかにはありません。なぜなら、そのときには悪徳が快楽の道を通って安々と忍び込んでくるからです。僕が何を言おうとするか、おわかりですか。僕は家に帰るとき、前よりもいっそう、貪欲になり、いっそう野心的になり、いっそう贅沢になり、いやむしろ、いっそう不人情になり非人間的になるのです。人間どものあいだにいたからです。かつて僕はたまたまある昼公演の剣闘技の見世物に行くことになりました。僕が期待したのは滑稽や機知や、その人々の眼が人間の殺し合いを離れて休息する一種の息抜きでした。ところがじつはその正反対でした。午前中おこなわれた試合はいずれも慈善公演でした。ところがいまやおどけ芝居はみな取り除けられ、ただただ人殺しあるのみです。相手は身に付けるものとてなにひとつない者たちばかりで、全身を打突にさらすのみ。殴りつける者たちのほうも、その手を無駄使いすることは決してないのです。大部分の観客も、普通の組合せやお好み勝負よりも、むしろこのほうを好むのです。どうして好まないでいられましょうか。兜《かぶと》をもっても楯をもっても剣は避けられない。なんのための防具か。なんのための技か。これらのことはすべて死の延期です。朝は獅子や熊に、昼はその観客たちに人間どもが投げ与えられるのです。観客は、殺した者が今度は彼を殺さんとする他の者と闘わせられるように、要求します。そして勝利者を、次の殺害のためにとっておくのです。戦う者たちの出口は死です。〔史37 VII 2-4〕

野獣と人が戦い、人と人が刃を交える。血なまぐさくおぞましい剣闘士の試合。それをながめる民衆は非情で残酷であり、悪徳の血しぶきに染まる。善人として闘技場に足を踏み入れた者が悪人となってそこから出てくる。悪人が多数だからといって、彼らと同類になるべきではない。大衆を避けること、できるだけ自分自身に戻ること、自分を向上させるような人と交わることが大切なのだ。

大衆の悪徳が極みに達する剣闘士競技の見世物。その熱狂を嘆かわしいものと考えたのはセネカだけではない。しかし、彼らにはキケロの事例からも知られるように、ある弁解があった。たしかに、剣闘士競技は非情で残忍であるかもしれない。だが、それは苦痛や死から目を逸らさない精神、つまり戦場で必要な心構えを鍛錬するための絶好の機会でもある。地中海の古代都市はもともと都市国家ポリスとしてある。都市国家はなによりも戦士共同体であった。そうした伝統が生きつづけるかぎり、戦士としての訓練はなおざりにすべきではない。とくに男性にとって、それは必要悪にほかならなかった。

そうした風潮が息づくなかで、もはやセネカにはそのような訓練の効用を認める気配はない。ひとりセネカだけがこの見世物を非難したのだろうか。彼は剣闘士競技そのものを否定する。そこには残虐さに耐える精神の鍛錬などという口実はありえない。それは徹底的な否定であった。

ポンペイの剣闘士宿舎の食堂の壁にセネカの正式名称が落書きされている「ルキウス・アンナエウス・セネカ」。書き手の剣闘士はどんな思いでこの哲人の名を記したのであろうか。みずからの命の儚《はかな》さを嘆き、明日に怯《おび》える不安な日々があった。この男はストア派の教えのなかに一抹の救いを見出していたのかもしれない。死の安らぎと残虐の否定。それは剣闘士にとって生きる支えであったのだろう。

しかし、キケロの感性と同様に、セネカのような想念も誰もが胸にいだくようなものではなかった。これらの心情が広がって剣闘士興行が廃止にいたったわけではない。むしろキリスト教以前の社会にあっても、異教における良心といえるものが息づいていたといえるにすぎない。それなら、いかなる動機や状況がそろえば、この流血の見世物が消滅するにいたるのだろうか。

キリスト教と見世物

しばしば、やみくもに信じられてきたことがある。ある人々にとって答えは明白であったかもしれない。この剣闘士競技という残虐な見世物はキリスト教の普及とともに終焉《しゅうえん》したというのである。

たしかに、キリスト教徒たちは剣闘士の見世物を非難している。また、キリスト教が公認された四世紀になると、剣闘士競技が下火になることは隠しようもない。だが、キリスト教徒たちが非難したのは剣闘士の見世物ばかりではないのだ。彼らは見世物そのものをなにもかも非難するのである。

三世紀前半にあって、キリスト教の護教作家テルトゥリアヌスは見世物が人間を狂気に駆り立てる様を非難する。

こんなことが起こるのだ。公衆の面前では必要でも上着をたくしあげたりしない者が戦車競走場では恥も外聞もないかのように上着を脱いだりする。また、自分のうら若い娘をあらゆる淫らな言葉から守ってやるべき男が、みずから彼女を淫靡《いんび》な会話や振舞いのある劇場に連れて行ったりする。さらに、街路で殴り合いの喧嘩を見かけたときにとめたり非難したりする者が、競技場では格闘がもっと危険になるように声援したりする。また、自然の理で死亡した人間の身体に身震いする者が、円形闘技場では、ずたずたに切り裂かれ己の血にまみれた身体をとてつもなくおぞような目で上から凝視したりする。いやはや、人殺しの処罰を是認しているから見世物にやってきた者が、気乗りのしない剣闘士を鞭や棒で人殺しにけしかけるのである。極悪の殺人犯にライオンを要求する者が、獰猛《どうもう》な剣闘士のために免除引退の木剣を要求し報酬としての解放の帽子を与えるように願うのである。殺されようとしている敗者を顔立ちまでさらされるほどに連れてこさせ、遠くから敗者が殺されることを望んでいたのに、近くでうきうきしながらそれを凝視するのである。もし剣闘士がそれを望まないなら、ますますじれるだけなのだ。［史46 XXI］

ここで非難されているのは剣闘士の見世物だけではない。戦車競走も格闘技も演劇も俎上《そじょう》にあげられている。それどころか、剣闘士はそれほど不名誉の烙印でみられているわけではない。同じころのキリスト教作家はこう述べている。

戦車競走場でかっとなり口論している人々を見て嫌悪しない者がいるだろうか。また、剣闘士の見世物で殺人の規律を見て驚かない者がいるだろうか。さらに、劇場であれば、熱狂も少なくないとはいえ、恥辱にまみれているのではないだろうか。［史21］

キリスト教徒にとって、見世物は救済という最高の恵みから人間の魂を引き離してしまう危険があった。だが、見世物にも多種多様な姿があり、その影響もさまざまに受けとられた。剣闘士競技のなかでの流血は残忍ではあるが、そのときだけの束の間の楽しみにすぎなかった。それに比べれば、演劇には慎みのないものが多かった。その淫らな言動やふしだらな振舞いは、日常生活のなかでそれを真似て不埒な暮しをする気にさせるという。だから、演劇についての非難はひときわ目立っている。たしかに、「人としてのたしなみ」を重んじる世なら、卑猥な場面の多い演劇こそ不道徳の極みといえるだろう。およそ「人としての思いやり」などという観念の希薄な時代であった。そこでは、流血の剣闘士競技よりも、淫らな言動を撒《ま》き散らす演劇のほうが人の心に害毒を流し込むのである。その害毒をなによりも非難したのがキリスト教である。

古代社会では、ことさら身なりや礼儀作法が重んじられていた。そのなかで登場したキリスト教は、身体や外見よりも心や魂に配慮する生き方を説いた。そこにキリスト教の革新的なところがある。だから、「心を尽くし、精神を尽くし、思いを尽くし、力を尽くして、あなたの神である主を愛しなさい」［『マルコによる福音書』一二・三〇］という教えがある。さらには、かつては「姦淫するなかれ」［『出エジプト記』］とだけ「十戒」で命じられていたが、「みだらな思いで他人の妻を見る者はだれでも、既に心の中でその女を犯したのである」［『マタイによる福音書』五・二八］と警告されるようになる。

人間の内面に目を向けるキリスト教にとって、性風俗におおらかな異教社会の演劇は目をそむけたくなるものだっただろう。だから、見世物のなかでも演劇こそが槍玉にあがる。それは人間を救済から遠ざける害悪以外のなにものでもないのだ。

こうしてみると、キリスト教がことさら非難した見世物は演劇であったことがわかる。血眼になって咎められたのは演劇にほかならないのである。そこから理解できることがある。剣闘士という見世物を非難することにおいて、キリスト教はそれほど際立っていたわけではないのだ。

史料が語ること

そうであれば、どうして剣闘士競技の見世物は衰退したのだろうか。そこには、どのような背景があるのだろうか。問題は振出しに戻るかのようだが、ひとつの重大な変化があることは見過ごせない。月並みな外見をひきはがして、正確にながめるべき事実がある。

前にもふれたところだが、注目すべき碑文がある。ローマとナポリのあいだにある海岸部にミントゥルナエという都市がある。そこから出土した三世紀の碑文である。

プブリウスの息子にしてテレティア区民プブリウス・ハエビウス・ユストゥスに献呈する。この人物のために栄えある参事会は彫像を建立することを決議した。彼は都市におけるあらゆる公職を歴任し、個々のことでも全体のことでも、いつも同様に敬虔《けいけん》に対処した。二人委員に就任したときに競技会が催されたが、さらに民衆が要求したので、元首の叡慮《えいりょ》により退任後に豪華な剣闘士興行の主催を快く引き受け、剣闘士三組および熊と草食獣を提供した。彼は彫像の建立のために、参事会議員一人当り三デナリウスを与えた。この場所は参事会決議によって与えられた。彼はミントゥルナエにおいて四日間で一一組の剣闘士を提供し、そのうちカンパニアの一級剣闘士一一人を死にいたらしめた。また、獰猛な熊一〇頭を死なせている。善良な市民は彼があらゆる草食獣を一日に四頭ずつ殺させたことを記憶にとどめ、アエミリアヌス二度目およびアクィリヌスが統領《コンスル》の年の八月一日にこの碑を建立した。〔*CIL*, X 6012 = *ILS*, 5062〕

二名の統領名が記されていることから、碑文の建立は明らかに二四九年である。この年、ミントゥルナエで開催された四日間の剣闘士興行で、一一組二二人の剣闘士が戦っている。だが、そのうち半数が死亡したと記されている。敗者はすべて殺されたことになる。

これは「見世物のなかでの死の確率」を推定したときの数値（二一二頁参照）と大きく異なっている。あの場合は一世紀の事態を検討したものだが、おおよそ五組一〇人の剣闘士が戦っても、一人が殺された程度だった。民衆は敗者が死に臨む場面をもっと見たかったかもしれない。だが、興行主にすれば、剣闘士は動産であり資産であった。だから、喉切りによる殺害は資産の損失以外のなにものでもない。それほどのことがなせるには、莫大な資産をもっているか、あるいは剣闘士なる資産がよほど安価に入手できるか、そのいずれかであろう。

ローマのボルゲーゼ美術館には、四世紀のモザイク画が残っている（図59）。かつてローマ近郊の別荘の床面を飾ったものであり、剣闘士競技の場面が描かれている。かなり恣意《しい》的に分断され引き剝がされているので、全体の構成はわかりづらい。

とはいえ、注目すべき点がある。まず目につくのは、敗者のすべてが喉切りで殺されていることだ。手に汗をにじませて熱戦を見ることよりも、人が血を流して殺される場面だけにまなざしが向いているのではないだろうか。まるで、見世物の場面でも、そこにしか衆目がいかないかのようである。

さらに、目につくのは、剣闘士の武装の問題である。網闘士と追撃闘士との組合せだけしか描かれていない。たしかに、この組合せは人気が高かった。だが、あまりの様変りではないだろうか。あたかもほかの武装の剣闘士は消滅してしまったかのようである。

そこで、これらの特徴をもつ図像について思いめぐらせてみよう。そうすれば、それまでの図像では、これほど死の場面だけをあつかったものは見当たらないことに気づく。

たとえば、中段のモザイク画の左側に追撃闘士タラモニクス（Talamonicus）は自分の兜をはずし、左手に血の滴る短剣をもっているが、その手で網闘士アウレウス（Aureus）を殺したばかりである。アウレウスのかたわらには、ギリシア語で死を意味するタナトスの頭文字テータ（Θ）が記されている。このようにして殺されて死んだ者は目を閉じた姿で描かれている。

だが、この両者の場面の上方に、似かよった場面がある。追撃闘士ベッレレフォンス（Bellerefons）がのしかかりながら、まさに網闘士クピド（Cupido）の喉を切ろうとしている。この敗者のかたわらにもテータ（Θ）の印があるが、死を目前にしているので、目を開いている。しかも、最後の一撃から目を逸らすかのようで、もの悲しげである。

図59　ボルゲーゼ美術館のモザイク画　剣闘士競技と野獣狩り（上段右側）が描かれている。ここに描かれた剣闘士競技はすべてが網闘士と追撃闘士の対戦であり，敗者には死を意味するタナトスの頭文字であるテータ（Θ）が記されている。

これらを図像全体として見たとき、審判人がまったく描かれていないのは奇妙である。審判人がいなくなっていたのであれば、助命《ミッシオ》もまたなくなり、生きるか死ぬかしかなかったのではないだろうか。戦いが始まれば、いかなる手段を使っても敵を倒すことだけだった。そこには戦いのルールもなく、滅茶苦茶な殺し合いになるしかない。そうであれば、戦闘技術の高さも失われていったにちがいない。

2 「ローマの平和《パクス・ローマーナ》」の終焉と見世物

剣闘士競争の変質

その背景には、いかなる出来事があったのだろうか。もはや「ローマの平和《パクス・ローマーナ》」の時代が過ぎ去っていた。そのころには「三世紀の危機」とよばれる時代を迎えていた。この危機がどれほどのものであったか、近年、研究者の評価は分かれる。だが、軍人皇帝の時代ともよばれ、半世紀のあいだに公認された皇帝だけでも二六人を数える。そのほか軍隊に擁立され僭称《せんしょう》した皇帝も加えれば、総計七〇人が出ている。その多くが短期間の統治のうちに殺害された。内紛が絶えなかったことは否定しようもなく、まぎれもない混乱期であった。

さらに、内乱にかぎらず、外患も迫っていた。とりわけ、三世紀後半のローマ帝国西部では、ゲルマン民族の活動が盛んになった。それまでは、帝国辺境地域においてのみ、目立った動きがみられたにすぎなかったが、いまやこれらの部族は領土内に深く侵入してきた。なかでもアラマンニ族はアルプスを越えてイタリア半島まで入り込み、首都ローマをも脅かすほどだった。三〇〇年以上も蛮族の侵入者に遭遇したことがなかったイタリアの人々の驚きははかりしれない。もちろん、ローマ側も反撃し、その多くを撃退している。このような制圧活動のなかで、ゲルマン人の捕虜が数多く集められたのである。

ところで、前述したように、ほぼ三世紀以後の剣闘士競技は、武装の点で多様ではなくなり、単純化している。ほとんどが追撃闘士と網闘士の戦いになっているのだ。だが、それらの武装にも微妙な変化がみられる。

かつて追撃闘士の兜《かぶと》には目の位置に二つの穴があるだけだったが、いまや顔面上にはいくつもの穴が通されている。明らかにこれは通風をよくして呼吸をしやすくするものだった。さらに兜の頂きは突起状に尖っており、体と体をぶつけ合う場合には、恐ろしい武器になったにちがいない。

網闘士はヘルメットをたずさえず、顔全体が衆目にさらされている。戦いの最中にも、その表情の変化が誰にでも見えるのだから、観衆の関心はことのほか高い。この網闘士が、突起状の兜をかぶった追撃闘士と肉弾戦になったとき、観衆は暴力きわまる白熱戦に固唾《かたず》をのんだにちがいない。どちらかが死ぬまで戦うのだから、見る側には気を逸らす隙はなかっただろう。

このようにして、三世紀、とりわけその半ば以後になると、剣闘士の武装が単純化し、戦いが生きるか死ぬかになった。その証拠は多くないが、残存する碑文や図像から、そのことは疑う余地は少ないのではないだろうか。ここではそれを前提にして、話を進めていこう。

この三世紀後半には、おそらく自由身分の志願剣闘士はほとんどいなくなっていたにちがいない。戦う技術を競うという点でも、生き残れる可能性という点でも、もはやあえて剣闘士を志すことなど思いもおよばなかっただろう。それとともに、奴隷や犯罪者、とりわけ戦争捕虜が占める割合はますます増えていたはずだ。

二七六年から二八二年まで帝位にあったプロブスは軍人皇帝としては幸運であった。異国の侵入者との戦いが相次ぎ、戦勝をかさねれば軍隊内での信望はあつくなるからである。二八一年末にはゲルマン人への戦勝を記念して、ローマで凱旋式を挙行している。円形闘技場で数百頭の豹、ライオン、熊が観衆の前で殺された。もちろん、捕虜たちによる剣闘士競技の見世物は欠かせない。

さらに、三〇〇組の剣闘士が提供されたが、そこでは凱旋式で引きまわされたヌビア人の多くが戦った。また、ゲルマン人、サルマタエ人も数多く出てきたし、山賊のイサウリア人も少なからずいた。[史38]

戦争捕虜は多種多様であり、ここではヌビア人、ゲルマン人、サルマタエ人、イサウリア人が登場する。彼らは剣闘士として戦い、その多くが血を流して死んでいった。もはや、殺すか殺されるか、文字どおりの死闘であった。

そのような滅茶苦茶な流血の惨劇が観衆にとってわくわくする見世物だったのだろうか。戦争捕虜は罪人であったから、彼らに同情を寄せる余地はなかったのかもしれない。だが、血なまぐさい死闘はくりかえされても、高度な技術で張り合う競技ではなくなっていくのだ。ある種のおもしろさは増しても、本来のおもしろさは失われていくともいえる。

これを今日のスポーツになぞらえながら、想像してみよう。たとえば、大人気のサッカーだったらどうか。サッカーは一点、二点の僅差で競うことが多く、なかなか点が入らない。そのせいで、じれてイライラすることも少なくない。その最大の原因はゴールキーパーがいるためである。

もし、点取り競技としてのおもしろさを増すために、ゴールキーパーを廃止したとしたら、どうなるだろうか。どんどんゴールに球が蹴り込まれ、点数争いは激しくなる。二八点対二五点あたりで終了することも、しばしばあるだろう。だが、手も使えるゴールキーパーの隙を狙って、カーブや強弱をつけたりする蹴る技術が磨かれてきたのだ。もはやその必要がなくなれば、自然に技術は低くなるしかない。点取りゲームとしての激しさは増しても、選手の技術は低下する。そうすることで、サッカーが今日のような多くの観衆を惹きつけることができるかどうか。誰しも否定的な見解にいたるのではないだろうか。

これと同じようなことが剣闘士競技で起こっていたのではないだろうか。剣闘士の多くが罪人同然の戦争捕虜からなるのだから、敗者は殺されるしかない。剣闘士たちの死闘はもはやスポーツ競技ではなくなっていく。ただただ死に物狂いで武器を振りまわすだけの戦いがくりひろげられる。

敗者は死刑を言い渡された者であり、その追いつめられた人間の表情を見る楽しみがあったのかもしれない。あるいは、喉を切られ絶命する光景をながめることに、えもいわれぬ恍惚感があったのかもしれない。さらにはまた、死骸を見ることに異常なほどの関心があったのかもしれない。それは観衆にとって、自分はまだ生きているということを実感できる瞬間でもあったのかもしれない。三世紀の護教作家テルトゥリアヌスが「彼らは殺人行為のなかに死への慰めを見出す」と語っているのは、そのような実感を示唆しているように思えるのだが。

ただの点取りゲームとなったサッカーとただの殺し合いになった剣闘士競技。勝負がはっきりしていることでは、このうえなくおもしろくなったといえる。しかし、どちらも、駆引が稚拙になり、技術の低下は著しくなるにちがいない。かつては臆病あるいは無能な剣闘士が敗者となれば、喉切りを求められた。だが、勇気と巧妙さを示せば、敗者となっても、しばしば助命された。おそらくそのことは剣闘士たちも熟知していた。観衆の側からすれば、そこには、勇ましい戦士たちのいい試合を見る喜びがあった。

だが、殺人場面と死骸を見ることだけが興味をかきたてるのなら、もはや異様な精神になっていた。それはローマ帝国を支えた「軍国精神」のなれの果てであった。その「軍国精神」とは、「共和政ファシズム」ともよんでもいいものであり、ローマの興隆期に形成されたものである。その精神は帝政初期にもまだ息づいていた。そこで共和政ファシズムの軍国精神について振り返っておきたい。

共和政ファシズムの軍国精神

前四世紀のころ、イタリア半島に住む山岳民との戦いは厳しいものだった。だが、ローマの勢力拡張は、イタリア半島全域に住む諸民族にとって、大いなる脅威であった。とりわけサムニウム人はしぶとかった。いくども反旗をひるがえして抵抗し、周辺の部族をもだきこみ、戦乱は拡大する。さらには、エトルリア人やガリア人までがサムニウム人を支援した。しかし、苦境にあっても、さすがはローマであった。前二九〇年、ローマはサムニウム人を完全に屈服させる。もはや、イタリアにおける覇権《はけん》は揺るがしがたいものになった。

イタリア半島の南岸には、古来ギリシア人が住んでいた。マグナ・グラキア（大いなるギリシア）とよばれた地域である。これらギリシア人たちにも、ローマとの衝突は避けがたい宿命であった。といっても、イタリア半島南部のギリシア勢だけで、ローマに対抗できるわけではない。

前三世紀初め、ギリシア側は、対岸にあるエペイロス王国のピュロス王に援軍を頼み、ローマとの決戦に臨む。ピュロス王は戦術にもたけており、戦況は反ローマ側に有利に進む。イタリアの住民は動揺し、ローマの支援をためらう人々も出てきた。ローマには和平の機運が高まる。

「ローマ人は平穏なときよりも困難なときのほうが信頼できる」と言った男がいる。アッピア街道の創設者として名高いアッピウス・クラウディウスである。強大な国家は困難になるほど力強く振る舞い、平和がつづくと気力がなえてしまう。この男はそのことに気づいていたのである。

アッピウスは引退して盲目の老人になっても、元老院にはっぱをかける。かつて「「もしかのアレクサンドロス大王がイタリアにやってきたら、われわれの父祖が壊滅していただろう」と言いふらしていた気概はどうしたのだ」〔史29「ピュロス」〕とぶちまけた。古老の心意気はローマ人を再び戦争の情熱に駆り立ててしまう。派遣されたギリシア人の和平の使節は送り返され、帰国後こう報告する。

私には元老院は多数の王者の集まりのごとく見えました。また、民衆はといえば、切り落とされてもすぐに頭が再生する多頭怪獣ヒュドラのごときものであり、戦うのが恐ろしい相手です。

共和政の牙城である元老院は有能な王のごとき勇将にあふれていたという。また、巷《ちまた》では好戦的な民衆の熱気がぷんぷん感じられたにちがいない。このような雰囲気をあえて「共和政ファシズム」とよんでおきたい。この用語は筆者自身の命名であるが、K・ホプキンス〔文36〕やW・ハリス〔文33〕もローマ共和政国家の軍国主義的性格をことさら強調している。彼らの議論とかさなるところがあることは申し添えておくべきだろう。

ローマ人の公職者には先駆吏がおり、ファスケスとよばれる斧と棒の束を担いでいた。これは公職者の権威を象徴するものであり、それになぞらえて近代のファシズムという言葉も生まれている。ファシズムは国家主義や軍国主義となじみやすい大衆運動であった。

しかし、古代にもそれに似た事態がなかったわけではない。否、むしろ、この言葉こそはローマという国家のかたちを表現するのに言いえて妙ではないだろうか。近代ファシズムはすぐに独裁政と結びついたが、古代のファシズムは独裁政にいたるまでに長大な歳月を経なければならなかった。エトルリア人の傲慢《ごうまん》王を憎んだローマ人は、あらんかぎり独裁政を嫌悪したからだ。だから、ローマ人の国家は「共和政ファシズム」として姿をみせたといってもいい。

やがてピュロス王を撃退し、長靴の形をしたイタリア半島の踵《かかと》と爪先までがローマの支配下に入ったのである。このイタリアの覇者を主導する元老院は共和政の牙城である。元老院では経験と英知にあふれる貴族たちが議論しながら、あくまで合議のうえで国策を決める。これら威信に満ちた元老院議員の発言は民衆を好戦的な気分に変える。

そのような精神をはぐくむのが父祖の物語であった。これらの物語には、ファシズム国家の真骨頂である軍国美談の事例が少なくない。ひとつだけあげれば、サムニウム人との戦いの山場の出来事である。周辺部族もエトルリア人もガリア人もサムニウム軍を支援したので、さすがのローマ軍もあわや壊滅というときだった。平民出身の統領《コンスル》デキウス・ムースは天に向かって「わが祖国に明るい光がさしつづけるためなら、この身を犠牲に捧げよう」と叫んだ。みずから敵陣に切り込み、壮絶な戦死を遂げる。この特攻精神はローマ兵の士気をふるい立たせ、ローマ軍は勢いをもりかえして勝利を収めたという。真偽のほどはともかく、ローマ人はこの愛国精神を末永く語り伝えたことだけは確かである。ローマ人は父祖の物語に耳を傾け、精神の滋養の糧としていたのだ。勇気と名誉の父祖の姿が数々あり、それらの物語はくりかえし後世のローマ人に刻みつけられていたにちがいない。

アッシリア帝国もペルシア帝国もアレクサンドロス大王の支配も、あくまでも独裁者の率いる覇権国家であった。まさしく王者は一人しかいない。だが、ここローマでは、大勢の王者がおり、共和政とファシズムとが結びつく。父祖の物語をたどれば、そこにローマ人の国家の原型があった。このような「共和政ファシズム」が「軍国精神」をはぐくんだのである。

この「軍国精神」のすさまじさはデキマティオ（decimatio）という慣習にもあらわれている。デキマティオとは、籤《くじ》で一〇人につき一人の兵士を処刑するという罰則である。命令に従わなかった部隊とか、戦場で臆病だった部隊とかがあれば、一〇人につき一人が選び出されて処刑された。しかも、先程まで戦友だった者たちが棍棒で殴り殺したのである。前二世紀のローマ軍団をつぶさに観察したギリシア人歴史家ポリュビオスは書き記している。

一方これらと同じ行動を多数の兵士がとった場合、たとえばある歩兵中隊が敵の圧力に抗しきれず、隊全体で持ち場を放棄したような場合、その全員を棒打ちの刑に処したり死刑にしたりするのはひかえるが、その代わりに効き目も恐ろしさも十分ある方策が用意されている。まず軍団副官が軍団全兵士を集合させてから、そこへ戦線から離脱した兵士たちを引き出し、厳しく叱責する。そのあと、そのなかからときには五人、ときには八人、ときには二〇人というふうに、要するにそのときの逃亡兵士の総数によって、そのほぼ一割にあたる人数を籤で選び出す。そしてその籤に当たった兵士を前述のやり方で容赦なく棒打ちにする一方、それをまぬがれた兵士には小麦の代わりに大麦で定量の食糧配給を与えたうえ、陣の外の危険な場所で野営するよう命じる。籤の結果が偶然に委ねられている以上、自分がその運命に当たることへの恐れと怯《おび》えはどの兵士にも等しく取りつき、さらに大麦配給という見せしめがすべての兵士に例外なく科せられるので

あるから、ローマ軍の採用するこの習慣は、乱れを是正し軍紀を粛清するための最善の方法だといえよう。［史30 Ⅵ 38］

ローマ社会にあっては、小麦は自由人の食糧であり、大麦は奴隷のものだとされていた。だから、たとえデキマティオをまぬがれても、奴隷同然の辱めを受けたことになる。まして、籤に当たって殴り殺される身になる恐れと怯えは、次の戦場での兵士たちの士気をいかばかりかふるい立たせたことだろう。

これらのデキマティオは稀に執行されたわけではない。むしろ、とりたてて言及する必要もないほど、たびたび執行されたのである。一世紀前半のティベリウス帝時代の出来事をとりあげてみよう。だらしなく退却するローマ兵たちをさえぎり、叱咤激励しながら、部下に見捨てられ斃死《へいし》した勇将がいた。この知らせが届くと、味方の不面目を気にかけた指揮官はデキマティオを思い出す。

当時ではほとんど稀になっていた伝統の古い罰則を科す。すなわち、名誉を汚した部隊から、一〇人に一人の割で、籤に当たった兵を、棍棒で叩き殺した。この厳罰の効果は、覿面《てきめん》にあらわれる。その数五〇〇に足らぬ古兵の予備隊が、前と同勢のタクファリナス軍に、タラという土地の要塞を襲われたとき、これを潰走《かいそう》させたほどである。［史40 Ⅲ 21］

たしかに、アウグストゥス帝以後の平和と秩序の回復を思えば、デキマティオのような慣習がしばしば執行されたわけではないだろう。だが、軍紀粛清の伝統としては、連綿と語りつがれてきた様は推察される。同じタキトゥスはネロ帝時代の元老院での発言を報告している。

しかし、部隊全体が敗北を喫し、その罰として一〇人に一人の割で棍棒でなぐり殺されるとき、勇敢だった兵もその籤を引くのである。大がかりの見せしめを目的とする罰は、つねになんらかの不正をともなう。しかし個人のこうむる損害は、公共の福祉でもって償われるのである。［史40 XIV 44］

ローマ軍の兵士たちは公共の福祉のためには不正な処罰すらこうむらなければならなかった。このようにして、ローマ国家の興隆は何世紀にもわたる戦士たちの犠牲のうえに成り立っていたのだ。これらの戦士を鍛え上げるためには、流血や死から目を逸らさない精神、つまり戦場での心構えを身につけなければならない。このような「軍国精神」をはぐくむには、非情で残忍な剣闘士競技は絶好の機会であった。

だが、非情さや残忍さだけが際立ち、殺人場面や死骸そのものが悦楽の対象になるときが訪れる。「軍国精神」はもはや歪んだものになり、なりの果ての奇形というしかない。そこでは戦闘よりも血の滴る殺人行為のみが興味を惹くのであった。

これが三世紀以降の剣闘士競技という見世物の実態である。殺害がありふれたものになれば、やがてその流血の残忍さも見慣れたものになる。どこでも見られる処刑のように、観衆にも飽きがくる。おそらくそれが剣闘士競技を廃れさせていく内因であった。

ローマ社会における剣闘士競技の意味

ところで、剣闘士興行の衰退には、見世物そのものに生じる内因とともに、見世物にまつわる政治権力のあり方も外因として無縁ではない。ここで政治権力を持ち出せば、すぐに支配する者と支配される者という図式が念頭にくるかもしれない。だが、そのようなありきたりの図式で歴史の実態が割り切れるものではないだろう。

そもそも、ローマは共和政国家として歴史の舞台に登場し、覇権を広げたのであるから、そこから話を始めるのが自然であろう。注目すべきは、なによりも元老院とローマ市民とのあいだにはいかなる関係があるのか、ということになる。かつて前三世紀のギリシア人はローマを訪れたとき、「王者の集まりのごとき元老院」と「多頭怪獣ヒュドラのごとき民衆」と驚愕した（二五〇頁参照）。この素朴な印象には、われわれになじみ深い支配者と被支配者という通念ではとらえきれないものが示唆されている。

民衆はもともと支配される者としてあるのではなく、そこに生きる人々、つまり住民でしかない。しかし、その住民はローマの丘に住む人々の集合体として生まれ、都市国家という体裁をとったのである。その人々の集団がある勢力をもちつづけるためには、まず住民の分散を防がなければならない。住民をひとつの群れとしてみなせば、それは日常生活のなかでは、ほとんど思いのままに動いているのである。その群れはときには予想もできない方向に行きかねない。だから、彼らを監視する必要がある。

まわりには、自然の危険が待ち構え、外敵の脅威がちらついている。そこから人々の群れが守られるには弱々しくあってはならないし、絶えず生気を保っていなければならない。この群れをいつも生き生きとしたものにしておくこと、それを世界史上ことさら意識する指導者がいた。これらの指導者が元老院貴族であった。それがローマ共和政国家であった。

指導者の活動は、まず住民が食糧にありつけず飢えてしまわないようにすることである。しかし、肉体の充足だけで事足りるわけではない。なによりも、これらの住民という群れが生き生きとしていることに心を配らなければならない。そのために民衆の心を沸き立たせる見世物が必要なら、それを提供するのは好ましいのだ。それによって観衆としての群れが生気にあふれるなら、喜ばしいことである。

これらの見世物が道徳にかなっているかどうか、それは問題にならない。というのも、生き物としての人間の群れは、もともと道徳的でも非道徳的でもないのである。指導者は住民に道徳を旨に生きることを強要できるわけではない。だから、道徳的な正邪を秤《はかり》として指導者が見世物を提供すべきかどうかを判断することもない。指導者が気をもむのは、人心を軟弱にしないかどうかであって、道徳にかなうかどうかではないのだ。

公共の見世物でも、黙劇のような見世物は軟弱な心に訴える。だから、その種の見世物には、公権力にあずかる者は関与しない。その代わりに、人心を高揚させ活発にする見世物を与えることなら、ためらいはない。剣闘士競技の流血は観衆を武骨にすることでは際立っている。その点を考慮すれば、共和政ファシズムの軍国精神にとって、生死を賭ける戦いの見世物はことさら格好のものであった。このような軍国精神の芳香が漂う前一世紀であれば、文人政治家キケロであっても、このような見解に与《くみ》するのである。否、そればかりではない。「ローマの平和」を謳歌する二世紀であっても、帝国官吏貴族の小プリニウスすらも同様の見解をなおざりにしたわけではないのだ。

ところで、皇帝が元首《プリンケプス》という名でよばれているあいだは、元老院貴族にもそれなりの権威があったであろう。だが、帝国の権力が皇帝に集中していくにつれ、皇帝は官吏の集団と軍隊を使って統治するようになる。もはや元老院は顧問会とか閣議とかに類似した諮問機関ですらなくなってしまうのである。いわば皇帝は元老院のくびきを解かれて、絶大な権力者として君臨し始める。それが明確なかたちをとるのが、三世紀の軍人皇帝時代の混乱を収拾したディオクレティアヌス帝の登場であった。「ローマの平和」とよばれる二世紀ころまでは、まがりなりにも皇帝は元老院の意向を尊重した。カリグラ帝、ネロ帝、ドミティアヌス帝、コンモドゥス帝が悪帝や暴君とよばれるのは、彼らが元老院の意向を軽視したからにほかならない。それとともに、五賢帝時代にみられるように、賢帝の賢帝たるゆえんは、彼らが元老院の意向を尊重したところが大きいのである。

いつのころからかは明らかではないが、トラヤヌス帝のころから皇帝へのまなざしに微妙な変化があらわれるという。皇帝は元首《プリンケプス》とよばれるよりも主人《ドミヌス》とよばれるようになる。この呼び名は奴隷に対する主人でもあり、もはや元老院貴族ですら皇帝の隷属者であることを暗示している。それは四世紀になると、ますますはっきりすることだった。そのころ、三一三年のミラノ勅令によってキリスト教が公認されている。だが、それとともに、キリスト教徒の皇帝が登場するのは偶然の一致でしかない。

たしかに、四世紀になると剣闘士の見世物が廃れていったのは隠しようもない事実である。しかし、キリスト教を奉じる為政者が剣闘士競技の廃止を率先しておこなったわけではない。むしろ、この時期になると、皇帝にはもはや剣闘士競技のような武骨な見世物を提供することなど、たんに気乗りのしないことだった。というのも、皇帝は元老院貴族の頂点にいたはずなのに、今では元老院貴族も含めてすべてが臣下となっていたからである。公式の記録では四〇四年、ホノリウス帝が剣闘士の試合の廃止を命じている。だが、ひそかに開催されてもいたらしいが、五世紀半ばにはまったく廃れてしまった。

臣下となった元老院貴族、さらには地方都市の名望家層にすれば、住民の守り手として活動することに、どれほどの気概を感じられたであろう。彼らには住民を生き生きとさせる義務感など思いいたることはなかった。むしろ、都市に住む貴族や富豪は姿を消し去りつつあり、農村に本拠を移す者たちすら目立つようになったのである。もはや都市そのものが活気を失っていたといってもよい。少なくともローマ帝国の西部にあっては、それが大まかな概略である。

かつて「王者の集まりのごとき元老院」とよばれる勢力がもはや形骸だけのものになったのである。それとともに、皇帝はまさしく王者を独り占めにした存在となる。この王者の独占者は、父親が子どもを慈しむように、民衆を慈しむことに心をくだく。たしかに子どもには娯楽が必要であるが、それは血の滴る剣闘士の見世物であってはならないのだ。慈父のごとき皇帝は愛すべき子どもたちに流血の惨劇を心を鍛える見世物として与える気にはならない。それはキリスト教徒の皇帝であったからというよりも、王者たる地位を独占した者だけがいだく心情だったのである。

さかのぼれば、内乱の勝利者として権力を独占したカエサルは、慈愛《クレメンティア》を旨とすることを公然としている。その後継者であり初代の皇帝となったアウグストゥスの肩書の最後には、国父（pater patriae）なる尊称がある。この国父の肩書は歴代の皇帝にも添えられていくのであり、いわば皇帝としての理想の姿を謳ったものであった。

カエサルとアウグストゥスによって唱導された「国父の慈愛」。これこそ共和政ローマの混乱を収拾した者が彼方に見据えたものではなかっただろうか。いわば皇帝支配の理念といえるものである。カエサルやアウグストゥスの時代から三〇〇年を経て、「国父の慈愛」は実を結ぶことになった。その結実が当初の理念とどれほど隔たっていようと、ローマ社会の現実にはそれしかありえなかったことになる。このような政治権力の変容も剣闘士の見世物が廃れていく一因をなしたのである。

筆者は共和政ファシズム国家論という試論とも私論ともつかない立場をとっている。この政治権力の変容をめぐる議論は、その立場から、M・フーコーやP・ヴェーヌ［文79］の示唆するところを横目に見ながら、見通しの道筋をつけたものである。しかし、あくまで自分なりの見解にこだわったつもりである。

もとより思弁的な域をまぬがれないが、剣闘士の見世物の衰退という問題提起そのものが実証にはなじまないところがある。その点は自覚しているつもりである。しかし、広大な地中海世界に長期にわたって君臨したローマ帝国においてのみ、公然たる殺人競技の見世物が数百年もつづいたのである。それが成り立つ形成期とともに、廃れゆく終末期に思いがいたるのは当然のことではないだろうか。そうであればこそ、剣闘士という見世物がローマ社会のなかでもっていた意味を考える縁《よすが》にもたどりつけたのではないだろうか。

あとがき

「リドリー・スコットとラッセル・クロウに先を越された」

十年ほど前、映画「グラディエーター」のプログラムにローマ史家としてのエッセイの執筆を依頼されたとき、うそ偽らざる実感だった。わが国では、まだ剣闘士研究の啓蒙書は出ていなかったので、私は先陣を切るつもりで、一年前から書き出していた。映画と張り合ってどうする、と笑われるかもしれないが、いきなり水を浴びせられ、ひどく胸に応えたのだろう。そのせいか、その後、数年、執筆は途絶えがちになってしまった。その間、数冊の本を公刊したが、胸の内では、あくまで剣闘士研究書が自分の本来の仕事だ、という思いがあった。

還暦を越してふたたびエンジンをふかし、やっとここまでたどり着くことができた。大げさに「構想二十年、執筆十年」などと聞いたことがあるが、他人事ではなかったことになる。

「歴史のフロンティア」シリーズの当初の企画では、本書は『欲望する帝国――「パンとサーカス」のローマ社会史』として出版される予定だった。二十年前は、「パンとサーカス」という見世物と穀物の恩恵供与の慣行を中軸にしてローマ帝国に生きる人々の生活の実態に迫ることをめざしていた。でも、史料に当たり研究文献を参照しているうちに、興味は剣闘士競技という一点に集約されていった。

ローマの平和《パクス・ローマーナ》と讃えられた広大な地中海世界帝国のなかで、数百年にわたって、なぜ史上唯一の公認殺人競技がつづいたのか。手に汗をにぎりながら熱狂する観衆の目の前で、生死を賭ける剣闘士たちの戦いがくりひろげられたのである。そもそも剣闘士競技の起源や仕組はどうなっているのか。また、どうして民衆はあれほどまでに流血の見世物に魅了されたのだろうか。さらに、膨大な財政負担にもかかわらず、為政者や富裕者はなにを期待して見世物を施そうとしたのだろうか。また、あれこれの疑問に史料はどのように語っているのか。これらの問題でもつれた糸を解きほぐすのが、まずは課題となった。

それとともに、なんとかして知りたいことがあった。明日の命をも知れぬ剣闘士たちの心の内をのぞければ、という願望である。彼らは、なにを思い、なにを感じながら生きていたのだろうか。そのような問いかけの日々のなかで、あるとき、私は前代未聞の「ある剣闘士の手記」を〝発見〟したのである。それを第一部として〝訳〟しながら、テキストにはこれまで史料から知りえた事実が散りばめられるように趣向を凝らした。〝訳者〟としては望外の幸運であり、ひとつの試行が多くの読者の目にふれることを願っている。

ただ一点だけ留意していただきたいことがある。「手記」なる文学様式が生まれるには、人間の意識あるいは思考の形にそれなりの条件がいるのではないだろうか。その条件のひとつに、日々の身の周りの出来事のみならず、自分の内なるものを見つめる人間の気質がなければならないのだ。だから、二千年前のローマ人の心に去来するものの実像はともかく、「手記」の存在そのものに不明な点が残るのは如何ともしがたいのである。

本書の執筆には同学の士である多くの方々にお世話になった。阿部衛、井上秀太郎、大清水裕、梶田知志、川本悠紀子、佐野光宜、中川亜希、長谷川敬、長谷川岳男の各氏には、史料、参考文献、写真などをご提供いただき、また、貴重な情報をご教示いただいた。心より謝意を表したい。とりわけ、井上秀太郎氏には表や地図の作成にあたって、多大のご協力をいただいた。重ねて感謝したい。

最後に山川出版社の山岸美智子さんには、ひとかたならない、お世話になった。生来の怠惰さとともに加齢による鈍感さが重なり、仕上げに手間どる筆者だったが、ここまでこぎ着けられたのも、彼女のお励ましとご助力による以外のなにものでもない。それでも本書になにかの不備があるとすれば、ひとえに筆者の責任であることを申し添えておきたい。

二〇一一年八月　駒場の研究室にて

本村凌二

歴史のフロンティア

第一線の歴史家が日頃の研究をふまえて、得意のテーマで書き下ろす。

四六判　平均320頁　定価：本体2524円～3000円

ソクラテスの隣人たち
［アテナイにおける市民と非市民］　桜井万里子 著

ガリラヤからローマへ
［地中海世界をかえたキリスト教徒］　松本宣郎 著

ルターの首引き猫　［木版画で読む宗教改革］　森田安一 著

ボリス・ゴドノフと偽のドミトリー
［「動乱」時代のロシア］　栗生沢猛夫 著

民のモラル　［近世イギリスの文化と社会］　近藤和彦 著

議員が選挙区を選ぶ　［18世紀イギリスの議会政治］　青木康 著

海港と文明　［近世フランスの港町］　深沢克己 著

ドン・ジュアンの埋葬
［モリエール「ドン・ジュアン」における歴史と社会］　水林章 著

夢と反乱のフォブール　［1848年パリの民衆運動］　喜安朗 著

十字架と三色旗　［もうひとつの近代フランス］　谷川稔 著

第二帝政とパリ民衆の世界
［「進歩」と「伝統」のはざまで］　木下賢一 著

プラーグ街の住民たち
［フランス近代の住宅・民衆・国家］　中野隆生 著

性に病む社会　［ドイツ ある近代の軌跡］　川越修 著

ユダヤ移民のニューヨーク
［移民の生活と労働の世界］　野村達朗 著

生殖の政治学　［フェミニズムとバース・コントロール］　荻野美穂 著

ドイツ海軍の熱い夏　［水兵たちと海軍将校団1917年］　三宅立 著

ナチズムの記憶　［日常生活からみた第三帝国］　山本秀行 著

文明としてのソ連　［初期現代の終焉］　石井規衛 著

パクス・アメリカーナへの道
［胎動する戦後世界秩序］　紀平英作 著

本村 凌二 もとむら りょうじ
1947年生まれ。東京大学大学院人文科学研究科博士課程修了，博士(文学)
現在，東京大学大学院総合文化研究科・教養学部教授
主要著書：『薄闇のローマ帝国』(東京大学出版会 1993)，『ローマ人の愛と性』(講談社 1999)，『多神教と一神教』(岩波書店 2005)，『興亡の世界史 4 地中海世界とローマ帝国』(講談社 2007)，『古代ポンペイの日常生活』(講談社 2010)

帝国《ていこく》を魅《み》せる剣闘士《けんとうし》
血と汗のローマ社会史

2011年10月10日 1版1刷 印刷
2011年10月20日 1版1刷 発行

著 者 本村凌二《もとむらりょうじ》
発行者 野澤伸平
発行所 株式会社 山川出版社
〒101-0047 東京都千代田区内神田1-13-13
電話 03(3293)8131(営業) 8134(編集)
振替 00120-9-43993
http://www.yamakawa.co.jp/
印刷所 図書印刷株式会社
製本所 株式会社ブロケード
装 幀 菊地信義 製 図 長田健次

ISBN978-4-634-48221-0

索　引

●サ

●タ

●ナ

●ハ

文献案内

＊本文中の註は，[史 16]［文 62］と示されている。**史**は史料を，**文**は参考文献を意味するので，それらの該当番号にあたっていただきたい。
＊史料の引用にあたっては，邦訳のあるものは利用したが，適宜私訳した部分もある。
＊定期刊行物の略号は，特別な断りがない限り *L'année philologique* に倣った。

史料

碑文集の略号は以下の通り。

AE: *L'année épigraphique*, Paris, 1888- .

CIL: *Corpus Inscriptionum Latinarum*, Berlin, 1863- .

EAOR: *Epigraphica anfiteatrale dell'occidente Romano*, Roma, 1988- .

GraFig: *Pompei—i graffiti figurati*, Foggia, 1993.

ILS: H. Dessau (Hrsg.), *Inscriptiones Latinae Selectae*, 5 vols., Berlin, 1812-1916.

1 Claudius AELIANUS, *De natura animalium*（『動物の性質について』）
2 ATHENAIOS, *Deipnosophistai*（アテナイオス『食卓の賢人たち』1～5 柳沼重剛訳　京都大学学術出版会）
3 C. Julius CAESAR, *De bello civili*（カエサル『内乱記』国原吉之助訳　講談社学術文庫）
4 C. Julius CAESAR, *De bello Gallico*（カエサル『ガリア戦記』国原吉之助訳　講談社学術文庫／『ガリア戦記』近山金次訳　岩波文庫）
5 CALPURNIUS Flaccus, *Declamationes*（『弁論』）
6 CALPURNIUS Siculus, *Eclogae*（『牧歌詩集』）
7 M. Tullius CICERO（『キケロー選集』全 16 巻　岩波書店）
8 Thascius Caecilius CYPRIANUS, *Epistulae*（『書簡集』）
9 Cassius DIO, *Historiae Romanae*（『ローマ史』）

10 L. Annaeus FLORUS, *Epitome rerum Romanarum*（『ローマ誌概要』）

11 GALENOS, *De naturalibus facultatibus*（ガレノス『自然の機能について』種山恭子訳　京都大学学術出版会）

12 HOMEROS, *Ilias*（ホメーロス『イーリアス』上・中・下　呉茂一訳　岩波文庫／ホメロス『イリアス』上・下　松平千秋訳　岩波文庫）

13 Q. HORATIUS Flaccus（『ホラティウス全集』鈴木一郎訳　玉川大学出版会）

14 ISIDORUS, *Origines*（『起源論』）

15 D. Iunius IUVENALIS, *Satirae*（ユウェナーリス『サトゥラェ　諷刺詩』藤井昇訳　日中出版）

16 Titus LIVIUS, *Ab urbe condita*（リウィウス『ローマ建国以来の歴史1　伝承から歴史へ(1)』岩谷智訳　『同 3　イタリア半島の征服(1)』毛利晶訳　京都大学学術出版会／リーウィウス『ローマ建国史』上　鈴木一州訳　岩波文庫）

17 C. LUCILIUS, *Carminum reliquiae*（『詩歌断片』）

18 Titus LUCRETIUS Carus, *De rerum natura*（ルクレーティウス『物の本質について』樋口勝彦訳　岩波文庫）

19 M. Valerius MARTIALIS, *Epigrammata*（『マールティアーリスのエピグランマタ』上・下　藤井昇訳　慶應義塾大学言語文化研究所）

20 M. Valerius MARTIALIS, *Spectacula*（『見世物について』）

21 M. MINUCIUS Felix, *Octavius*（『オクタウィウス』）

22 P. OVIDIUS Naso, *Ars amatoria*（オウィディウス『恋の技法』樋口勝彦訳　平凡社ライブラリー／『恋愛指南』沓掛良彦訳　岩波文庫）

23 P. OVIDIUS Naso, *Fasti*（オウィディウス『祭暦』高橋宏幸訳　国文社）

24 P. OVIDIUS Naso, *Metamorphoses*（オウィディウス『変身物語』上・下　中村善也訳　岩波文庫）

25 PETRONIUS, *Satyricon*（ペトロニウス『サテュリコン』国原吉之助訳　岩波文庫）

26 C. PLINIUS Secundus, *Naturalis Historia*（『プリニウスの博物誌』全3巻　中野定雄ほか訳　雄山閣）

27 C. PLINIUS Caecilius Secundus, *Epistulae*（『プリニウス書簡集』国原吉之助訳　講談社学術文庫）

28 C. PLINIUS Caecilius Secundus, *Panegyricus*（『頌詩』）

29 PLUTARCHOS, *Vitae*（プルタルコス『英雄伝』全12巻　河野与一訳　岩波文庫／『プルタルコス英雄伝』上・中・下　村川堅太郎ほか訳　ちくま文庫／『英雄伝』1・2　柳沼重剛訳　京都大学学術出版会）

30 POLYBIOS, *Historiae*（ポリュビオス『歴史』1・2　城江良和訳　京都大学学術出版会／『世界史』全3巻　竹島俊之訳　龍渓書舎）

31 M. Fabius QUINTILIANUS, *Declamationes*（『弁論』）

32 M. Fabius QUINTILIANUS, *Institutio Oratoria*（クインティリアーヌス『弁論家の教育』1・2　小林博英訳　明治図書）

33 PS-QUINTILIANUS, *Declamationes Maiores*（『大弁論』）

34 *RES GESTAE DIVI AUGUSTI*（『神君アウグストゥス業績録』国原吉之助訳〈スエトニウス『ローマ皇帝伝』上　岩波文庫所収〉）

35 L. Annaeus SENECA, *Controversiae*（父セネカ『論争』）

36 L. Annaeus SENECA（『セネカ道徳論集（全）』茂手木元蔵訳　東海大学出版会）

37 L. Annaeus SENECA（『セネカ道徳書簡集（全）』茂手木元蔵訳　東海大学出版会）

38 Spartianus AELIUS, *Historiae Augustae*（アエリウスほか『ローマ皇帝群像』1～3　南川高志ほか訳　京都大学学術出版会）

39 C. SUETONIUS Tranquillus, *De Vita Caesarum*（スエトニウス『ローマ皇帝伝』上・下　国原吉之助訳　岩波文庫）

40 P. Cornelius TACITUS, *Annales*（タキトゥス『年代記』上・下　国原吉之助訳　岩波文庫）

41 P. Cornelius TACITUS, *Historiae*（タキトゥス『同時代史』国原吉之助訳　筑摩書房）

42 P. Cornelius TACITUS, *Dialogus de Oratoribus*（『弁論家をめぐる対話』）

43 P. TERENTIUS Afer（『古代ローマ喜劇全集 第5巻　テレンティウス』鈴木一郎訳　東京大学出版会）

44 Q. Septimius Florens TERTULLIANUS, *Ad nationes*（『諸国民の柱廊』）

45 Q. Septimius Florens TERTULLIANUS, *Apologeticus*（キリスト教教父著作集14『テルトゥリアヌス 2　護教論』鈴木一郎訳　教文館）

46 Q. Septimius Florens TERTULLIANUS, *De spectaculis*（『見世物について』）

47 VALERIUS MAXIMUS, *Factorum ac dictorum memorabilium libri IX*

（『著名言行録』全9巻）
48 P. VERGILIUS Maro, *Aeneis*（ウェルギリウス『アエネーイス』上・下　泉井久之助訳　岩波文庫／『アエネーイス』岡道男・高橋宏幸訳　京都大学学術出版会）
49 VITRUVIUS, *De architectura*（ウィトルーウィウス『建築論』森田慶一訳　東海大学出版会）

主要参考文献

1 Alföldy, G., *Römische Sozialgeschichte*, Wiesbaden 1975.
2 Auguet, R., *Cruelty and Civilization: the Roman Games*, London/New York 1994.
3 Baker, A., *The Gladiator: the Secret History of Rome's Warrior Slaves*, London 2000.
4 Balsdon, J. P. V. D., *Life and Leisure in Ancient Rome*, London 1969.
5 Barton, C. A., *The Sorrows of the Ancient Romans: the Gladiator and the Monster*, Princeton 1993.
6 Bateman, N., *Gladiators at the Guildhall*, London 2000.
7 Bayet, J., *Histoire politique et psychologique de la religion romaine*, Paris 1957.
8 Beacham, R. C., *Spectacle Entertainments of Early Imperial Rome*, New Haven/London 1999.
9 Cameron, A., *Circus Factions*, Oxford 1976.
10 Cancik, H. & Schneider, H., *Brill's New Pauly: Encyclopaedia of the Ancient World*, Vol.1-15 and Supplements Vol. 1-4, Leiden/Boston 2002-10.
11 Carter, M. J., 'Gladiatorial Ranking and the "SC de Pretiis Gladiatorum Minuendis" (*CIL*, II, 6278 = *ILS*, 5163)', *Phoenix* 57 (2003), 89-100.
12 ——— 'Gladiatorial Combat: the Rules of Engagement (viewpoint essay)', *The Classical Journal (Classical Association of the Middle West and South)*, 102-2 (2006), 97-113.
13 Cavallaro, M. A., *Spese e Spettacoli: Aspetti economici-strutturali degli spettacoli nella Roma giulio-claudia*, Bonn 1984.

14 Clavel-Lévêque, M., *L'Empire en jeux*, Paris 1984.
15 ——— 'L'espace des jeux dans le monde romain,' *ANRW* II, 16-3 (1986), 2405-2563.
16 Coleman, K. M., 'Fatal Charades: Roman Executions Staged as Mythological Enactments', *JRS*, 80 (1990), 44-73.
17 ——— 'Launching into History: Aquatic Displays in the Early Empire', *JRS*, 83 (1993), 48-74.
18 Colini, A. M. et Cozza, L., *Ludus Magnus*, Roma 1962.
19 Cumont, F., *Lux perpetua*, Paris 1949.
20 Dunkle, R., *Gladiators: Violence and Spectacle in Ancient Rome*, Pearson Education 2008.
21 Edmonson, J. C., 'Dynamic Arenas: Gladiatorial Presentations in the City of Rome and Construction of Roman Society during the Early Empire', Slater, W. J. (ed.), *Roman Theater and Society*, Ann Arbor 1996, 69-112.
22 Fora, M., *I munera gradiatoria in Italia*, Napoli 1996.
23 Friedländer, L., *Darstellungen aus der Sittengeschichte Roms in der Zeit von August bis zum Ausgang der Antonine*, II, Leipzig 1865.
24 Futrell, A., *Blood in the Arena: The Spectacle of Roman Power*, Texas UP 1997.
25 Garcia, A. y Bellido, 'Lapidas funerarias de gladiadores de Hispania', *Archivio espanol de arqueologia*, XXXIII (1960), 123-144.
26 Gardner, J. F., *Being a Roman Citizen*, London/New York 1993.
27 Ginestet, P., *Les organisations de la jeunesse dans l'Occident Romain*, Bruxelles 1991.
28 Golvin J.-C. et Landes, Ch., *Amphithéâtres et gladiateurs*, Presses du CNRS 1990.
29 Grant, M., *Gladiators*, New York 1995.
30 Grosschmidt, K. & Kanz, F. (eds.), *Gladiatoren in Ephesos: Tod am Nachmittag*, Wien 2002.
31 Guarino, A., 'I gladiatores e l' auctoramentum', *Labeo*, 29 (1983), 7-24.
32 Gunderson, E., 'The Ideology of the Arena', *Classical Antiquity*, 15-1 (1996), 113.
33 Harris, W. V., *War and Imperialism in Republican Rome 327-70 B.C.*,

Oxdord 1979.
34 Hope, V. M., 'Negotiating Identity: the Gladiators of Roman Nîmes', Berry, J. & Laurence, R. (eds.), *Cultural Identity in the Roman Empire*, London 1998, 176–195.
35 ——— 'Fighting for Identity: the Funerary Commemoration of Italian Gladiators', *The Epigraphic Landscape of Roman Italy*, London 2000, 93–113.
36 Hopkins, K., *Death and Renewal*, Cambridge 1983.
37 ——— 'Murderous Games', *History Today*, 33 (1983), 16.
38 Jacobelli, L., *Gladiatori a Pompei*, Roma 2003.
39 Jouffroy, H., *La construction publique en Italie et dans l'Afrique romaine*, Strasbourg 1986.
40 Junkelmann M., *Das Spiel mit dem Tod*, Mainz am Rhein 2000.
41 Köhne, E. & Ewigleben, C. (eds.), *Gladiators and Caesars*, London 2000.
42 Kyle, D. G., *Spectacles of Death in Ancient Rome*, London 1998.
43 Lafaye, G., 'Gladiator' du *Dictionnaire des antiquités grecques et romaines de Daremberg et Saglio*, vol. II, 2, 1563–99.
44 Levick, B., 'The Senatus Consultum from Larinum', *JRS*, 73 (1983), 97–115.
45 MacMullen, R., 'The Epigraphic Habit in the Roman Empire', *AJP*, 103 (1982), 233–246.
46 Mannix, D. P., *The Way of Gladiator*, New York 1958.
47 Meyer, E. A., 'Explaining the Epigraphic Habit in the Roman Empire: the Evidence of Epitaphs', *JRS*, 80 (1990), 74–96.
48 Morris, I., *Death-ritual and Social Structure in Classical Antiquity*, Cambridge 1992.
49 Mosci Sassi, M. G., *Il linguaggio gladiatorio*, Bologna 1992.
50 Nossov, K., *Gladiator: Rome's Bloody Spectacle*, Oxford/New York 2009.
51 Paolucci, F., *Gladiatori: I dannati dello spettacolo*, Firenze 2006.
52 Potter, D. S. & Mattingly, D. J. (eds.), *Life, Death, and Entertainment in the Roman Empire*, Michigan 1999.
53 Robert, L., *Les gladiateurs dans l'Orient grec*, Paris 1940.

54 Sabbatini-Tumolesi, P., *Gladiatorum Paria—Annunci di spettacoli gladiatorii a Pompei*, Roma 1980.
55 ——— e gli altri, *Anfiteatro Flavio: Immagine Testimonianze Spettacoli*, Roma 1988.
56 Teyssier, É. et Lopez, B., *Gladiateurs: des sources à l'experimentation*, Paris 2005.
57 Teyssier, É., *La mort en face: le dossier gladiateurs*, Nîmes 2009.
58 Thuillier, J.-P., *Le sport dans la Rome antique*, Paris 1996.
59 Toynbee, J. M. C., *Death and Burial in the Roman World*, Ithaca 1971.
60 Veyne, P., *Le Pain et le Cirque*, Paris 1976.
61 ——— *L'empire gréco-romain*, Paris 2005.
62 Ville, G., *La gladiature en occident des origines à la mort de Domitien*, Rome 1981.
63 Vismara, C., *Il supplizio come spettacolo*, Roma 1990.
64 Wiedemann, T., *Emperors and Gladiators*, London/New York 1992.
65 Wisdom, S., *Gladiators 100BC–AD200*, Oxford 2001.
66 Wistrand, M., *Entertainment and Violence in Ancient Rome*, Goteborg 1992.
67 青柳正規『古代都市ローマ』中央公論美術出版　1990
68 阿部衛『自由身分剣闘士とローマ社会』東京大学大学院総合文化研究科修士学位論文　2011
69 梶田知志「剣闘士競技（Munera gladiatoria）研究百年史——政治・文化史から社会・心性史へ」『早稲田大学大学院文学研究科紀要 第4分冊　日本史東洋史西洋史考古学』52巻（2007), 21-29
70 ———「Homo pugnans——墓碑銘に見る剣闘士（gladiator）の生と死」『地中海研究所紀要』7巻（2009), 31-44
71 佐野光宣「剣闘士競技とローマ社会 —— ポンペイの事例から」『人文知の新たな総合に向けて（21世紀COEプログラム「グローバル化時代の多元的人文学の拠点形成」第5回報告書　下巻)』京都大学大学院文学研究科, 2007, 1-30.
72 ———「帝政前期ローマにおける剣闘士競技の社会的機能——ガリア・ナルボネンシスの都市ネマウススの事例から」『西洋史学』230（2008), 90-111

73 ―――「帝政前期ヒスパニアにおける剣闘士競技」『西洋古典学研究』LVIII（2010), 37-48
74 島田誠『コロッセウムからよむローマ帝国』講談社 1999
75 本村凌二「属州バエティカの都市化と土着民集落」『西洋古典学研究』XXX（1982), 78-107
76 ―――「パンとサーカス――地中海都市における民衆文化のひとつの原像として」(〈協同研究〉地中海都市の文化構造)『地中海学研究』IX（1986), 7-14
77 ―――『薄闇のローマ世界――嬰児遺棄と奴隷制』東京大学出版会 1993
78 ―――『古代ポンペイの日常生活』講談社学術文庫　2010
79 ポール・ヴェーヌ「歴史を変えるフーコー」大津真作訳『差異の目録』法政大学出版局　1983

図版出典一覧

図1　著者撮影
図2　著者撮影
図3　［文 51］
図4　A. Pontrandolfo, A. Rouveret, M. Cipriani, *The Painted Tombs of Paestum*, Pandemos 2004.
図5　A. Farnoux, *Homere*, Gallimard 2010.
図6　［文 41］
図7　著者撮影
図8　［文 40］
図9　［文 39］を参考に作成
図10　著者撮影
図11　中川亜希撮影
図12　［文 56］
図13　大清水裕撮影
図14　［文 24］
図15　M. I. Finley, *Atlas of Classical Archaeology*, London 1977 を参考に作成
図16　大英博物館展示の航空写真。著者撮影
図17　大清水裕撮影
図18　［文 24］
図19　T. Cornell & J. Matthews, *Atlas of the Roman World*, Oxford 1982 を参考に作成
図20　同上書
図21　［文 40］
図22　［文 6］
図23　カルタゴ博物館蔵。著者撮影
図24　中川亜希撮影
図25　著者撮影
図26　F. Coarelli, *Guida archeologica di Roma*, Milano 1989.
図27　Soprintendenza archeologica di Roma, *The Valley of the Colosseum*, Milano 1997.
図28　［文 40］
図29　著者撮影
図30　著者撮影
図31　［文 40］
図32　［文 40］
図33　［文 41］
図34　［文 40］
図35　［文 40］
図36　［文 40］

図37　[文 40]
図38　[文 56]
図39　[文 40]
図40　著者提供
図41　*CIL* IV 3884; 7991
図42　Soprintendenza archeologica di Roma, *The Valley of the Colosseum*, Milano 1997.
図43　*Rome: Past and Present*, Roma 1989.
図44　[文 41]
図45　著者提供
図46　[文 40]
図47　*CIL* IV 10238（1勝目）: 10236（2勝目）
図48　[文 41]
図49　著者提供
図50　著者提供
図51　[文 40]
図52　[文 41]
図53　*Gladiatoren in Ephesos*, Ephesos Museum 2002.
図54　*CIL* IV 1474
図55　*GraFig*, p. 34
図56　*CIL* IV 10237
図57　*CIL* IV 8056
図58　[文 41]
図59　[文 50]

円形闘技場の分布概要：[文 28] より加筆・修正のうえ作成

カバー表：トラキア闘士(左)と魚兜闘士《ムルミッロ》(右)の戦い（トリーア，ライン州立博物館蔵）　ユニフォトプレス提供
カバー裏：コロッセウム　ユニフォトプレス提供

剣闘士関連年表

前509		ローマ共和政の成立
4世紀	剣闘士試合の痕跡(カンパニア地方)	
343		数度におよぶサムニウム戦争(〜290)
280		ピュロス王のイタリア侵入(〜275)
310	ローマ人の前でサムニウム兵の剣闘士競技	
264	最初の剣闘士の追悼競技(牛の広場)	第1次ポエニ戦争(〜241)
218		第2次ポエニ戦争(〜201)
206	ローマ人による剣闘士競技の見世物	
192	元老院議員の提供した剣闘士競技の見世物	
149		第3次ポエニ戦争(〜146)
133		グラックス兄弟の改革運動(〜122)
122	ガイウス・グラックスによる無料の剣闘士競技開催	
105	統領(公人)による最初の剣闘士競技開催	
88		イタリアの自由民にローマ市民権の付与
75頃	ポンペイ円形闘技場の建造	
73	スパルタクスの反乱(〜71)	
60		第1回三頭政治
46	カエサルによる盛大な剣闘士競技開催	
44		カエサルの暗殺
43		第2回三頭政治
31		アクティウムの海戦
27		元首政の開始　アウグストゥス帝(〜後14)
後6	剣闘士競技の添物としての野獣狩りの導入	
		ティベリウス帝(14〜37)
		カリグラ帝(37〜41)
		クラウディウス帝(41〜54)
		ネロ帝(54〜68)
59	ポンペイ円形闘技場での暴動事件	
		ウェスパシアヌス帝(69〜79)

70(76)頃　コロッセウムの着工
79　ティトゥス帝(79〜81)
ヴェスヴィオ山噴火によるポンペイの埋没
79/80　コロッセウムの完成
ドミティアヌス帝(81〜96)
85頃　剣闘士の大養成所の着工
帝国各地で円形闘技場が建造される
96　五賢帝時代の開始(〜180)
コンモドゥス帝(180〜192)
193　セウェルス朝(〜235)
235　軍人皇帝時代の開始(〜284)
「3世紀の危機」
249　敗者全員の殺害(ミントゥルナエの碑文)
284　専制君主政の開始　ディオクレティアヌス帝(〜305)
敗者全員の殺害(ボルゲーゼ美術館のモザイク画)
313　ミラノ勅令によるキリスト教の公認
392　異教の全面的禁止
395　ローマ帝国の東西分裂
404　ホノリウス帝による剣闘士競技の廃止
476　西ローマ帝国の滅亡

碑文上の剣闘士

登録番号は碑文史料集 *EAOR* による

サムニウム闘士（samnis）

武装のタイプ	年　代	特記事項	場　所	養成所	登録番号	出典(*CIL*)	出典(*ILS*)
(samnis)	前1世紀末				I. 101, a		
(samnis)	前1世紀末				I. 101, b		
(samnis)	前1世紀末				I. 101, c		
samnis	1世紀前半				I. 88	VI. 10187	5085
samnis	1世紀中頃				I. 87		
samnis	1世紀中頃		Venusia		III. 68	IX. 466	5083a

トラキア闘士（thraex）

武装のタイプ	年　代	特記事項	場　所	養成所	登録番号	出典(*CIL*)	出典(*ILS*)
thraex	1世紀				I. 93	VI. 10195	5090
thraex	1世紀	scaeva			I. 95	VI. 10196	
t〈h〉r(aex)	1世紀		Vienna		V. 23	XII. 1915	
thraex	1世紀前半		Venusia		III. 67	IX. 465	5083

threax	1 世紀前半	libero/liberto	Venusia		III. 67	IX. 465	5083
threax	1 世紀前半		Venusia		III. 67	IX. 465	5083
threax	1 世紀前半	tiro	Venusia		III. 67	IX. 465	5083
threax	1 世紀前半	tiro；libero/liberto	Venusia		III. 67	IX. 465	5083
（thraex）	1 世紀前半		Augusta Taurinorum		II. 55		
（thraex）	1 世紀前半		Augusta Taurinorum		II. 55		
（thraex）	1 世紀前半	（scaeva）；libertus	col. Claudia Ara Agrippinensium		V. 65	*AE*1941, 87	
threax	1 世紀中頃				I. 94		
threax	1 世紀中頃				I. 98		
threax	1 世紀中頃		Venusia		III. 68	IX. 466	5083a
threax	1 世紀中頃		Venusia		III. 68	IX. 466	5083a
threax	1 世紀中頃		Venusia		III. 68	IX. 466	5083a
threax	1 世紀中頃		Venusia		III. 68	IX. 466	5083a
threax	1 世紀中頃		Venusia		III. 68	IX. 466	5083a
threax	1 世紀中頃		Venusia		III. 68	IX. 466	5083a
threax	1 世紀中頃		Venusia		III. 68	IX. 466	5083a
threax	1 世紀中頃	tiro；libero/liberto	Venusia		III. 68	IX. 466	5083a
threax	1 世紀後半		Thermae Himeraeae		III. 71	X. 7364	5093
threax	1 世紀末				I. 96		

t⟨h⟩r(aex)	1 世紀～2 世紀初頭		Nemausus		V. 25	XII. 3330	
t⟨h⟩r(aex)	1 世紀～2 世紀初頭		Nemausus ?		V. 26	XII. 3331	
threx	1 世紀～2 世紀				I. 97	VI. 10197	5089
t⟨h⟩r(aex)	1 世紀～2 世紀		Nemausus		V. 13	XII. 3332	5087
t⟨h⟩r(aex)	1 世紀～2 世紀		Nemausus		V. 24	XII. 3329	
t⟨h⟩r(aex)	1 世紀～2 世紀		Nemausus		V. 27	ILGN435	
thraex	1 世紀末～2 世紀	Liber	Brixia		II. 51	V. 4511	5086
thraex	2 世紀前半				I. 92	VI. 10194	5088
thraex	2 世紀前半				I. 92	VI. 10194	5088
thraex	2 世紀前半				I. 92	VI. 10194	5088
thraex	2 世紀前半				I. 61	VI. 10192	5091
thraex	2 世紀中頃				I. 91	VI. 10193	
thraex	177 年				I. 45r. 5	VI. 631	5084
thraex	177 年				I. 45r. 7	VI. 631	5084
thraex	177 年				I. 45r. 24	VI. 631	5084
thraex	177 年	spatharius			I. 45r. 39	VI. 631	5084
t⟨h⟩r(aex)	2 世紀末～3 世紀	ingen. /lib.	col. Claudia Ara Agrippinensium		V. 64	*AE*1962, 107	
(thraex)	2 世紀末～3 世紀		Verona		II. 57		
t⟨h⟩r(aex)	不明		Nemausus		V. 28	ILGN433	

魚兜闘士（murmillo）

武装のタイプ	年　代	特記事項	場　所	養成所	登録番号	出典(*CIL*)	出典(*ILS*)
murmillo	1 世紀				I. 76		
murmillo	1 世紀				I. 55	VI. 10175	5103
murmillo	1 世紀				I. 56	VI. 10174	
murmillo	1 世紀				I. 70		
murmillo	1 世紀				I. 71	VI. 39786	
murmillo	1 世紀				I. 72	VI. 33982	
murmillo	1 世紀		Arausio		V. 16	XII. 5836	5102
murmillo	1 世紀		Arausio		V. 18	XII. 5837	
murmillo	1 世紀		Nemausus		V. 17	XII. 3326	
mur(millo)	1 世紀	ingen. /lib.	Avaricum Biturigum		V. 61	XIII. 1200	
murmillo	1 世紀前半	tiro; libero/liberto	Venusia		III. 67	IX. 465	5083
murmillo	1 世紀前半	tiro; libero/liberto	Venusia		III. 67	IX. 465	5083
(murmillo)	1 世紀前半	libertus	col. Claudia Agrippinensium		V. 65		
murmillo	1 世紀中頃		Venusia		III. 68	IX. 466	5083a
murmillo	1 世紀中頃	libero/liberto	Venusia		III. 68	IX. 466	5083a
murmillo	1 世紀中頃		Venusia		III. 68	IX. 466	5083a

murmillo	1 世紀中頃	libero/liberto	Venusia		III. 68	IX. 466	5083a
murmillo	1 世紀中頃		Venusia		III. 68	IX. 466	5083a
murmillo	1 世紀中頃		Venusia		III. 68	IX. 466	5083a
murmillo	1 世紀後半	scaeva			I. 75	VI. 10180	5105
murmillo	1 世紀～ 2 世紀				I. 86	VI. 10169	5124
murmillo	1 世紀～ 2 世紀	Liber ?	Brixia		II. 41		
murmillo	1 世紀～ 2 世紀		Nemausus		V. 20	XII. 3325	5101
murmillo ?	1 世紀～ 2 世紀初頭		Nemausus		V. 25	XII. 3330	
murmillo	2 世紀				I. 77		
murmillo	2 世紀				I. 74	VI. 10176b	
murmillo	2 世紀	libero/liberto	Aquileia		II. 40		
murmillo	2 世紀	contraretiarius も	Nemausus		V. 14	ILGN436	
murmillo	2 世紀		Nemausus		V. 19	ILGN434	
murmillo	2 世紀前半				I. 73	VI. 10177 = 33977	5104
murmillo	2 世紀中頃				I. 69	VI. 10178	
murmillo	2 世紀後半		Ravenna	Capua ?	II. 42		
murmillo	2 世紀後半		Beneventum		III. 69		
murmillo	177 年				I. 45r. 11	VI. 631	5084
murmillo	177 年				I. 45r. 12	VI. 631	5084
murmillo	177 年				I. 45r. 14	VI. 631	5084

murmillo	177 年				I. 45r. 16	VI. 631	5084
murmillo	177 年	spatharius			I. 45r. 20	VI. 631	5084

重装備闘士（hoplomachus）

武装のタイプ	年　代	特記事項	場　所	養成所	登録番号	出典(*CIL*)	出典(*ILS*)
hoplomachus	1 世紀				I. 57	VI. 37842	9341
hoplomachus	1 世紀				I. 58	VI. 10181	5099
hoplomachus	1 世紀				I. 78	VI. 37842a	
hoplomachus	1 世紀中頃	tiro	Venusia		III. 68	IX. 466	5083a
hoplomachus	1 世紀～ 2 世紀	Liber ?	Brixia		II. 41		
hoplomachus	177 年				I. 45r. 6	VI. 631	5084

挑戦闘士（provocator）

武装のタイプ	年　代	特記事項	場　所	養成所	登録番号	出典(*CIL*)	出典(*ILS*)
provocator	1 世紀末～ 2 世紀		Brixia		II. 38	V. 4502	5108a
provocator	2 世紀				I. 83	VI. 7659	5109
provocator	2 世紀	spatharius			I. 83	VI. 7659	5109
provocator	2 世紀				I. 81	VI. 7658	5108
provocator	2 世紀後半	spatharius			I. 59	VI. 10183	5110

provocator	2 世紀後半		Ravenna	Capua ?	II. 42		
provocator	2 世紀後半		Ravenna	Capua ?	II. 42		
provocator	177 年				I. 45r. 13	VI. 631	5084
provocator	177 年				I. 45r. 23	VI. 631	5084
provocator	3 世紀		Patavium	Patavium ?	II. 43	V. 2884	5107
provocator	不明				I. 82	*IG*. XIV. 2008	

追撃闘士（secutor）

武装のタイプ	年　代	特記事項	場　所	養成所	登録番号	出典(*CIL*)	出典(*ILS*)
secutor	1 世紀前半				I. 60	VI. 4333	5116
secutor	1 世紀後半				I. 90	VI. 10190	
secutor	1 世紀後半				I. 89	VI. 10189	5114
secutor	1 世紀末～ 2 世紀		Verona	lacinia Arianillae	II. 49	V. 3459	
secutor	2 世紀		Panhormus		III. 70	X. 7297	5113
secutor	2 世紀		Panhormus		III. 70	X. 7297	5113
secutor	2 世紀		Dea Augusta Voc.		V. 11	XII. 1596	
secutor	2 世紀末～ 3 世紀		Mediolanum		II. 50	V. 5933	5115
secutor ?	3 世紀前半		Bergomum		II. 18	V. 5124	5092
（secutor）	3 世紀前半				I. 106	VI. 10188	

(secutor)	300 年頃	servus	col. Claudia Ara Agrippinensium		V. 72	XIII. 12063	
secutor	3 世紀～ 4 世紀		Tergeste		II. 19	V. 563	5123
secutor	不明		Narbo Martius		V. 36		
(secutor)	不明		Vasio Iulia Voc.		V. 33	XII. 1382	

網闘士 (retiarius)

武装のタイプ	年　代	特記事項	場　所	養成所	登録番号	出典(*CIL*)	出典(*ILS*)
(retiarius)	1 世紀		Aquae Sextiae		V. 32		
retiarius	1 世紀		Nemausus		V. 21	XII. 3327	5120
retiarius	1 世紀前半	libero/liberto	Venusia		III. 68	IX. 466	5083a
retiarius	1 世紀中頃				I. 84		
retiarius	1 世紀末～ 2 世紀		Verona	Alexandrea ?	II. 44	V. 3465	5177
retiarius	1 世紀末～ 2 世紀		Brixia		II. 45	V. 4506	
retiarius	1 世紀～ 2 世紀				I. 86	VI. 10169	5124
ret(iarius)	1 世紀～ 3 世紀	servus	Andemantunnum		V. 66	XIII. 5702	
(retiarius)	2 世紀				I. 107		
retiarius	2 世紀		Parma	Parma ?	II. 46	XI. 1070	5118
retiarius	2 世紀		Brixia		II. 45bis		

(retiarius ?)	2 世紀前半		Augustoritum Lemovicum		V. 69		
retiarius	2 世紀前半				I. 85	VI. 10184	
retiarius	2 世紀後半		Beneventum	Ludus Magnus Caesaris	III. 69		
retiarius	2 世紀後半		Beneventum	Ludus Magnus Caesaris	III. 69		
retiarius	177 年				I. 45r. 18	VI. 631	5084
retiarius	177 年				I. 45r. 19	VI. 631	5084
(retiarius)	2 世紀～ 3 世紀		Divorum Mediomatricum		V. 71		
(retiarius)	2 世紀末～ 3 世紀		Verona		II. 57		
(retiarius)	2 世紀末～ 3 世紀		Verona		II. 57		
retiarius	2 世紀末～ 3 世紀		Aquileia		II. 48	V. 1037	
retiarius	2 世紀末～ 3 世紀		Verona		II. 47	V. 3466	5121
retiarius	セウェルス朝時代	p(alma) et l(aurus)	Ostia		IV. 43	XIV. 5291, 3a	
(retiarius)	3 世紀				I. 111		
(retiarius)	3 世紀				I. 109	VI. 33988	
(retiarius)	3 世紀				I. 110, a	VI. 10207b = 33980a	5139

(retiarius)	3 世紀				I. 110, b	VI. 10207a = 33980b	5139
(retiarius)	3 世紀				I. 110, b	VI. 10207a = 33980b	5139
(retiarius)	3 世紀				I. 110, b-c	VI. 10207a = 33980b	5139
(retiarius)	3 世紀初頭				I. 113, g	VI. 10206	
(retiarius)	3 世紀初頭				I. 113, h	VI. 10206	
(retiarius)	3 世紀初頭				I. 113, i	VI. 10206	
retiarius ?	3 世紀前半	libero/liberto	Bergomum		II. 18	V. 5124	5092
(retiarius)	3 世紀末				I. 112, a		
(retiarius)	3 世紀末				I. 112, c		
(retiarius)	3 世紀末				I. 112, d		
(retiarius)	3 世紀末				I. 112, f		
(retiarius)	300 年頃	servus	col. Claudia Ara Agrippinensium		V. 72	XIII. 12063	
retiarius	3 世紀～ 4 世紀		Tergeste		II. 19	V. 563	5123
(retiarius ?)	4 世紀				I. 115	VI. 10185	
(retiarius)	4 世紀初頭				I. 113, b	VI. 10206	
(retiarius)	4 世紀初頭				I. 113, c	VI. 10206	
(retiarius)	4 世紀初頭				I. 113, p	VI. 10206	

(retiarius)	4 世紀初頭				I. 113, r	VI. 10206	
(retiarius)	4 世紀初頭				I. 113, t	VI. 10206	
(retiarius)	4 世紀初頭				I. 113, v	VI. 10206	
r(e)t(iarius)	4 世紀初頭				I. 113, d	VI. 10206	
(retiarius)	4 世紀前半				I. 114, i	VI. 10205 = 33979	5140
(retiarius ?)	5 世紀				I. 116	VI. 37845b	
(retiarius)	不明		Vasio Iulia Voc.		V. 33	XII. 1382	
(retiarius)	不明		Narbo Martius		V. 34	XII. 4453	
retiarius	不明		Nemausus		V. 22	XII. 3328	
retiarius (?)	不明		Narbo Martius		V. 36		

網闘士対抗者 (contra retiarius)

武装のタイプ	年　代	特記事項	場　所	養成所	登録番号	出典(*CIL*)	出典(*ILS*)
contra retiarius	1 世紀中頃				I. 64	VI. 33983	5106
contra retiarius	1 世紀後半				I. 75	VI. 10180	5105
(contra retiarius)	2 世紀				I. 107		
(contra retiarius)	2 世紀				I. 108		
(contra retiarius)	2 世紀	murmillo も	Nemausus		V. 14	ILGN436	

contra retiarius	177 年				I. 45r. 10	VI. 631	5084
contra retiarius	177 年				I. 45r. 21	VI. 631	5084
contra retiarius	177 年				I. 45r. 22	VI. 631	5084
contra retiarius	177 年				I. 45r. 27	VI. 631	5084
contra retiarius	177 年				I. 45r. 28	VI. 631	5084
contra retiarius	177 年				I. 45r. 30	VI. 631	5084
（contra retiarius）	2 世紀末～ 3 世紀		Verona		II. 57		
（contra retiarius）	2 世紀末～ 3 世紀	scaeva	Verona		II. 57		
（contra retiarius）	3 世紀				I. 111		
（contra retiarius）	3 世紀				I. 109, a	VI. 33988	
（contra retiarius）	3 世紀				I. 109, b	VI. 33988	
（contra retiarius）	3 世紀				I. 109, b	VI. 33988	
（contra retiarius）	3 世紀				I. 110, a-b	VI. 33980a-b	5139
（contra retiarius）	3 世紀末				I. 112, b		
（contra retiarius）	3 世紀末				I. 112, e		
（contra retiarius）	4 世紀初頭				I. 113, a	VI. 10206	
（contra retiarius）	4 世紀初頭				I. 113, b	VI. 10206	
（contra retiarius）	4 世紀初頭				I. 113, c	VI. 10206	
（contra retiarius）	4 世紀初頭				I. 113, g	VI. 10206	
（contra retiarius）	4 世紀初頭				I. 113, h	VI. 10206	

(contra retiarius)	4 世紀初頭				I. 113, I	VI. 10206	
(contra retiarius)	4 世紀初頭				I. 113, l	VI. 10206	
(contra retiarius)	4 世紀初頭				I. 113, p	VI. 10206	
(contra retiarius)	4 世紀初頭				I. 113, r	VI. 10206	
(contra retiarius)	4 世紀初頭				I. 113, t	VI. 10206	
(contra retiarius)	4 世紀前半				I. 114, I	VI. 10205 = 33979	5140

騎馬闘士 (eques)

武装のタイプ	年　代	特記事項	場　所	養成所	登録番号	出典(*CIL*)	出典(*ILS*)
eques	1 世紀前半				I. 65	VI. 4334	1719
eques	1 世紀前半		Venusia		III. 67	IX. 465	5083
eques	1 世紀後半	conservus	Thermae Himeraeae		III. 71	X. 7364	5093
(eques)	2 世紀前半		Augustoritum Lemovicum		V. 69		
(eques)	2 世紀前半		Augustoritum Lemovicum		V. 69		
eques	2 世紀末				I. 66	VI. 10167	5125

戦車闘士（essedarius）

武装のタイプ	年　代	特記事項	場　所	養成所	登録番号	出典(*CIL*)	出典(*ILS*)
essedarius	1 世紀		Nemausus		V. 9	XII. 3324	5096
essedarius	1 世紀前半				I. 67	VI. 4335	
essedarius	1 世紀前半				I. 68	VI. 33952	5094
essedarius	1 世紀中頃		Venusia		III. 68	IX. 466	5083a
essedarius	1 世紀～ 2 世紀初頭		Nemausus		V. 15	XII. 3323	5095
essedarius	177 年				I. 45r. 8	VI. 631	5084
essedarius	2 世紀末～ 3 世紀	ru（diarius）	Lugdunum		V. 62	XIII. 1997	5097
essedarius	2 世紀～ 3 世紀				I. 54	*IG*. XIV. 1832	
essed（arius）	2 世紀～ 3 世紀	ingen. /lib.	col. Claudia Agrippinensium		V. 63		

その他の武装

武装のタイプ	年　代	特記事項	場　所	養成所	登録番号	出典(*CIL*)	出典(*ILS*)
dimachaerus	2 世紀末～ 3 世紀	ru（diarius）	Lugdunum		V. 62	XIII. 1997	5097
gallus	1 世紀中頃	libero/liberto	Venusia		III. 68	IX. 466	5083a
gladiator	2 世紀～ 3 世紀	servus	Mogontiacum		V. 67	*AE*1926, 68	
（gladiator）	1 世紀	servus	[Moirans]		V. 68	XIII. 5354	
（軽武装の gladiator）	1 世紀～ 2 世紀		Beneventum		III. 72	IX. 1671	

(軽武装の gladiator)	2 世紀～ 3 世紀	servus	Divorum Mediomatricum		V. 71		
(トゥニカを纏った gladiator か？)	4 世紀前半				I. 114, c	VI. 10205 = 33979	5140
(トゥニカを纏った gladiator か？)	4 世紀前半				I. 114, c	VI. 10205 = 33979	5140
hastarius	不明				I. 63		
paegniarius	177 年				I. 45r. 38	VI. 631	5084
paegniarius	2 世紀～ 3 世紀				I. 79	VI. 10168	5126
paegniarius	不明				I. 80	VI. 10182	
sagittarius	1 世紀中頃	tiro	Venusia		III. 68	IX. 466	5083a
(sagittarius)	2 世紀前半		Augustoritum Lemovicum		V. 69		
scissor	1 世紀中頃	tiro；libero/liberto	Venusia		III. 68	IX. 466	5083a
veles	1 世紀				I. 62	VI. 37844	9342
veles	1 世紀中頃		Venusia		III. 68	IX. 466	5083a
不明	セウェルス朝時代	Ostia	(Ostia)		IV. 43	XIV. 5291, 3a	
不明	1 世紀	servus	Avaricum Biturigum		V. 61	XIII. 1200	
不明	2 世紀～ 3 世紀	servus	col. Claudia Ara Agrippinensium		V. 63	*AE*1929, 110	

（不明）	2 世紀～ 3 世紀		Divorum Mediomatricum		V. 71		
–					I. 117	VI. 10204	
–	不明	scaeva			I. 99		
–	1 世紀中頃	tiro	Venusia		III. 67	IX. 465	5083
–	1 世紀中頃	tiro	Venusia		III. 68	IX. 466	5083a
（eques あるいは hoplomachus）	2 世紀～ 3 世紀		Divorum Mediomatricum		V. 71		

野獣闘士（venator）

武装のタイプ	年　代	特記事項	場　所	養成所	登録番号	出典（*CIL*）	出典（*ILS*）
（venator）	2 世紀中頃				I. 103	VI. 33990	
（venator）	2 世紀後半	ingen. /lib.	Aquae Sextiae		V. 31	XII. 533	
（venator）	3 世紀末～ 4 世紀初頭	servus	Lugdunum		V. 70		
（venator）	4 世紀初頭				I. 113, e	VI. 10206	
（venator）	4 世紀初頭				I. 113, f	VI. 10206	
（venator）	4 世紀初頭				I. 113, m	VI. 10206	
（venator）	4 世紀初頭				I. 113, n	VI. 10206	
（venator）	4 世紀初頭				I. 113, x	VI. 10206	
（venator）	4 世紀初頭				I. 113, x	VI. 10206	

(venator)	4 世紀初頭				I. 113, x	VI. 10206	
(venator)	4 世紀初頭				I. 113, x	VI. 10206	
(venator)	4 世紀初頭				I. 113, x	VI. 10206	
(venator)	4 世紀初頭				I. 113, x	VI. 10206	
(venator)	4 世紀初頭				I. 113, x	VI. 10206	
(venator)	4 世紀初頭				I. 113, y	VI. 10206	
(venator)	4 世紀初頭				I. 113, y	VI. 10206	
(venator)	4 世紀初頭				I. 113, j	VI. 10206	
(venator)	4 世紀初頭				I. 113, k	VI. 10206	
(venator)	4 世紀初頭				I. 113, q	VI. 10206	
(venator)	4 世紀初頭				I. 113, s	VI. 10206	
(venator)	4 世紀初頭				I. 113, u	VI. 10206	

(作成協力：井上秀太郎)